Facilitando el Aprendizaje en Equipos

Una Guía de ayuda al Líder de Grupo para Facilitar Actividades de Aprendizaje

Andrea L. McWilliams, Líder de Grupo, Departamento de Química, University of Texas at El Paso

A.E. Dreyfuss, Especialista en Aprendizaje, Peer-Led Team Learning International Society

James E. Becvar, Profesor, Departamento de Química, University of Texas at El Paso

Traducido por

Daniel I. Carbajal-Ida, Ph.D.

Ana Fraiman, Ph.D.

Marianne S. Marin Líder de Grupo, Departamento de Química, University of Texas at El Paso

Chelsea J. Moreno, Líder de Grupo, Departamento de Química, University of Texas at El Paso

Edna Tepezano, Líder de Grupo, Departamento de Química, University of Texas at El Paso

Paulina R. Torres, Líder de Grupo, Departamento de Química, University of Texas at El Paso

Publicado por Peer-Led Team Learning International Society

Una organización sin fines lucros para el avance del aprendizaje

Facilitando el Aprendizaje en Equipos: Una Guía de Líderes de Grupo Para Dirigir Actividades de Aprendizaje

©2020 derecho de autor por Peer-Led Team Learning International Society

Todos los derechos reservados.

Permiso por escrito debe obtenerse por parte de Peer-Led Team Learning International Society antes de que cualquier parte de este trabajo sea reproducido o copiado de cualquier forma o por cualquier medio, electrónico o mecánico, incluyendo fotografía, fotocopia y grabación, o por almacenamiento de información o sistema de recuperación.

Diseño de portada por Andrea McWilliams

Fotografías en la portada por Adam Boyea and Geoffrey Saupe

10 9 8 7 6 5 4 3 2 1

ISBN 978-1-944996-12-3

Peer-Led Team Learning International Society (www.pltlis.org)
7100 Westwind Drive, Suite 240, El Paso, Texas 79912 USA
info@pltlis.org

Editores de las Series de Libros de Trabajo: James E. Becvar, Ph. D.
A.E. Dreyfuss, Ed. D.
Ana Fraiman, Ph. D.

RECONOCIMIENTOS

Dirigir un grupo de aprendizaje es difícil: no es enseñar. Cuando un Líder de Grupo se convierte en un guía de apoyo ayuda a los estudiantes a dominar los diferentes temas trabajando en equipos. La necesidad de educar a los Líderes de Grupo se estableció desde el inicio de Peer-Led Team Learning, (Aprendizaje en Equipo Dirigido por Líderes de Grupo) como modelo curricular, y especialistas en aprendizaje fueron cruciales en este esfuerzo. Especialistas curriculares y de aprendizaje han aportado elementos de educación basados en STEM (Science, Technology, Engineering, and Math/ Ciencias, Tecnología, Ingeniería y Matemáticas), como educación en Química, practicas educativas de enseñanza primaria y secundaria, trabajo con intervenciones educativas como aprendizaje cooperativo, participación temprana con aprendizaje activo, y educación para adultos.

Los manuales *Handbook for Team Leaders* (Vicki Roth, Ellen Goldstein, and Gretchen Marcus, 2001) y *Guidebook* (David Gosser, Mark Cracolice, Jack Kampmeier, Vicki Roth, Victor Strozak, and Pratibha Varma-Nelson, 2001) sirven como base para que este importante método de apoyo el aprendizaje estudiantil. El trabajo de otros colaboradores se encuentra en los artículos de *Progressions*, el boletín informativo de PLTL Workshop Project (1999-2010) (material disponible en *www.pltlis.org* bajo "Resources") y también en reportes de las conferencias de PLTLIS.

Los programas Peer-Led Team Learning varían grandemente en sus métodos de entrenamiento de Líderes de Grupo para facilitar las sesiones de los talleres. Con el paso del tiempo, técnicas y actividades han sido compartidas en conferencias y por medio de publicaciones [ej. Ver Leader Training en *www.pltlis.org*]. Este volumen contiene técnicas y actividades que han comprobado ser útiles para los Líderes de Grupo mientras facilitan aprendizaje en sus talleres. Todas las sugerencias tienen el complicado objetivo de promover la participación estudiantil fomentando un sentido de responsabilidad por el propio aprendizaje. Las técnicas y actividades presentadas a través de la guía provienen de varias fuentes, señaladas en corchetes y la sección de referencias, así como contenido original.

Líderes de Grupo que asistieron a la conferencia de entrenamiento de líderes en junio del año 2000 en la Universidad de Rochester propusieron escribir un libro basado en sus experiencias para otros Líderes. Esta sugerencia fue emprendida por 15 Líderes de Grupo de siete programas de PLTL en Estados Unidos, quienes trabajaron juntos en abril del 2001 en una conferencia especial, organizada por Lucille Garmon, Dusty Otwell y el programa de PLTL de la Universidad de West

Georgia, junto con los especialistas de aprendizaje Lydia Tien, de la Universidad de Rochester y A.E. Dreyfuss de City College of New York. La conferencia en Georgia dio como resultado material que fue publicado en la edición de primavera 2001 de *Progressions* (boletín informativo de PLTL Workshop Project). El equipo Líderes de Grupo que escribieron el articulo *Twenty Techniques* fue conformado por: Dan Parker, State University of West Georgia; Cathy Hargis, Miami University of Ohio; Amber Krummel, Portland State University; Stacia Weaver, Coastal Carolina University; Brian Yates, San Jose City College; Elina Yusufova, City College of New York. Contribuciones adicionales provinieron de los Líderes de Grupo de University of Rochester: Chad Brown, Nick Krebs, Mark Kubaszewski, Alma Muharemagic, Christina Snopek.

Este manual de trabajo también contiene contribuciones originales de actividades y modificaciones de juegos conocidos. Los contribuyentes: Lucia B. Chacon, Dania Chairez, Shawnan Chen, Ryan Floresca, Samuel Herren, Wen-Yee Lee, Sara A. Linn, Angel Ventura Perez, y Paulette Ramirez, son de The University of Texas at El Paso.

Los autores dan gracias y reconocimiento por su contribución al desarrollo de la facilitación con Lideres de Grupo descrito anteriormente, así como a los siguientes individuos por su asesoría y recomendaciones en la preparación de esta Guía: Jose Luis Alberte, Director, Programa PLTL, Departamento de Ciencias Biológicas en Florida International University; Ana Fraiman, Profesora Emérita, Northeastern Illinois University; Ryan Floresca, Líder de Grupo, Departamento de Química, University of Texas at El Paso; y Geoffrey Saupe, Profesor Asociado, Departamento de Química, University of Texas at El Paso.

Índice

RECONOCIMIENTOS 1
PREFACIO 5
ORGANIZACIÓN DE LA GUIA 7
SECCIÓN 1   PREPARÁNDOSE PARA EL TALLER Y PARA SU PAPEL COMO LÍDER DE GRUPO 9

    PLANEA, PLANEA, PLANEA 10
    EL TIEMPO DE CADA ACTIVIDAD 10
    PREPARE MATERIALES 10
    TABLA DE MUESTRA PARA PLANIFICAR SU SESIÓN DE TALLER 10
    ESTABLEZCA UN ESPACIO ÓPTIMO PARA EL TRABAJO EN EQUIPO 12
    AGRUPANDO A LOS PARTICIPANTES DE LOS TALLERES 12
    DAR INSTRUCCIONES CLARAS 13
    ESTABLECER EXPECTATIVAS PARA LOS ALUMNOS 13
    FORMULAR PREGUNTAS 14
    FORMULAR PREGUNTAS QUE PROVOQUEN A PENSAR Y HABLAR 14
    ¡REFLEXIONAR! 14
    JUNTA PREVIA PARA PREPARACIÓN DE LOS LÍDERES DE GRUPO 15
    CONOCER SUS RECURSOS 16

SECCIÓN 2   FORMAR UN GRUPO EXITOSO DE ESTUDIANTES 17

    "CHARLAR", O EL ARTE DE CONOCER A ALGUIEN 18
    HACER PREGUNTAS 20
    ENFOQUE EN EL PROCESO 21
    DAR PISTAS 22
    ESPERAR UNA RESPUESTA 23
    PREGUNTAS DE REDIRECCIÓN 24
    SOLUCIÓN DE PROBLEMAS EN PARES 25
    PENSAR-PARES-COMPARTIR 27
    ESCRITURA RÁPIDA 28

SECCIÓN 3   DIRIGIENDO ACTIVIDADES DE APRENDIZAJE COLABORATIVO 29

    ¿HA CONSTRUIDO UNA CULTURA DE TALLER DONDE LOS ESTUDIANTES SE SIENTEN CÓMODOS ESTANDO EQUIVOCADOS? 30
    ¿HAN DESARROLLADO LOS ESTUDIANTES FUERTES INTERACCIONES CON SUS COMPAÑEROS? 30
    ¿CÓMO SE SIENTEN LOS ESTUDIANTES EL DÍA DEL TALLER? 30
    ¿ESTÁ PREPARADO PARA RESPONDER SI HAY FRICCIÓN DIRIGIDA A USTED U OTROS PARTICIPANTES EN EL GRUPO DEL TALLER? 30
    GRUPO PEQUEÑO/GRUPO GRANDE 31
    EL MÉTODO ARTÍSTICO 32
    AVANZAR CUANDO NO TODOS ENTIENDAN 33
    RESUMEN POST MORTEM 34

CHALK TALK (CONVERSACIÓN DE PIZARRA)	35
EVALUACIÓN INDEPENDIENTE Y EN GRUPOS PEQUEÑOS	37
ROUND-ROBIN (PARTICIPACIÓN CIRCULAR)	38
ROMPECABEZAS "JIGSAW"	39
ROMPECABEZAS – UNA MODIFICACIÓN	40
PERMANECIENDO JUNTOS - "STICKING TOGETHER"	41
CONTORNOS PARCIALES Y POWERPOINT "PARTIAL OUTLINES AND POWER POINT"	43

SECCIÓN 4 FACILITANDO UN GRUPO DE APRENDIZAJE **45**

"DIME QUE ESCRIBIR," O "ACTÚA COMO ESCRIBA"	46
"PASA EL PELUCHE"	47
TECNICA DE "M&M"	48
DEJE QUE SE EQUIVOQUEN	49
"HAZME UNA PREGUNTA Y NO TE CONTARE MENTIRAS"	50
"TOMA UN DESCANSO"	51
PASA EL PROBLEMA	52
"LISTA DE LOS 10 PRINCIPALES"	53
CARROUSEL/ MERRY GO 'ROUND	54
TRES AMIGOS	55
CREANDO MNEMÓNICOS	56
POSICIÓNATE EN TU POSICIÓN	57
APRENDIENDO A TRAVÉS DE LA NARRACIÓN GRAFICA	58
DIAGRAMAS DE FLUJO Y OTROS ORGANIZADORES VISUALES	59

SECCIÓN 5 JUEGOS COMPETITIVOS PARA EVALUAR LA COMPRENSIÓN **63**

GUERRA DE NIEVE	64
JEOPARDY	65
CHEMTABOO	68
CHEMTWISTER	70
ADIVINA CHEM QUIEN	71
CUCHARAS	73
SILLAS MUSICALES	75
DESCIFRE LOS NÚMEROS	76
LA CARRERA DE CLASIFICACIÓN	77

REFERENCIAS Y MATERIALES SUPLEMENTALES **79**

PREFACIO

Peer-Led Team Learning (PLTL), o Estudio en Equipo con Líder Colega, es un método para mejorar los resultados de aprendizaje de los estudiantes haciendo énfasis en las estrategias basadas en equipo. PLTL ha facilitado a miles de estudiantes el aprendizaje del material del curso desde su inicio en la década de 1990, y su efectividad está respaldada por numerosas y extensas investigaciones (ver www.pltlis.org/publications). A través del apoyo de subvenciones de la National Science Foundation y otras fuentes de financiamiento, muchas versiones de PLTL han evolucionado en Estados Unidos y en todo el mundo. Esta guía está dirigida a los Líderes, pero todos aquellos interesados en facilitar el trabajo en grupo pueden encontrarla útil.

En el corazón de PLTL estás *Tú*, el Líder de Grupo. Como compañero de los estudiantes en su taller, funcionas como facilitador del aprendizaje. Convertirse en un facilitador exitoso es un proceso que requiere diversas habilidades para promover enfoques de colaboración basados en equipos. Este trabajo, *Facilitando el Aprendizaje en Equipos: Una Guía para Líderes con Actividades de Aprendizaje*, proporciona estrategias de aprendizaje creativas en equipos creadas por Líderes de Grupo, especialistas en aprendizaje y profesores. Este recurso está diseñado para ayudarte a planificar tu taller semanal.

Esta guía proporciona estructura a los talleres poniendo en práctica técnicas de dirección y actividades. Cada tema está enfocado en el aprendizaje activo al mostrarle a los estudiantes y a ti mismo:

- Cómo enfrentar un material difícil del curso

- Cómo explorar conceptos de manera que el aprendizaje se retenga para cursos de nivel superior.

- Cómo desarrollar las preguntas adecuadas.

- Cómo cooperar, trabajar y aprender con sus compañeros

- Cómo reforzar su conocimiento para exámenes y más allá.

- Cómo estudiar eficientemente.

- Cómo desarrollar una red de colegas confiables que puedan reforzar positivamente su entorno de aprendizaje.

Estas habilidades son esenciales para los estudiantes en los cursos de nivel inicial y para aquellos que han ingresado recientemente en un entorno universitario. El objetivo es que esta guía optimice tu papel como Líder de Grupo para mejorar los resultados de los estudiantes. Únete a nosotros en este esfuerzo contribuyendo en futuras ediciones.

- Andrea McWilliams, A.E. Dreyfuss, y James Becvar

ORGANIZACIÓN DE LA GUIA

Esta guía contiene cinco secciones. Cada sección fue diseñada para ayudar en el desarrollo del grupo en el taller, donde un grupo de alumnos desconocidos se vuelve un equipo que, unidos, trabajaran para alcanzar un objetivo de aprendizaje particular.

Sección 1: Preparándose para el Taller y para su Papel como Líder de Grupo

Esta sección le ayudará a prepararse para una sesión exitosa de taller. Utilice las entradas enumeradas en esta sección como una lista de objetivos cuando planifique sus sesiones de taller.

Sección 2: Formando un Grupo Exitoso de Alumnos

Las técnicas y actividades enumeradas en esta sección se enfocan en establecer un ambiente de aprendizaje positivo y animan a los estudiantes a conocerse unos a otros. El objetivo es avanzar hacia la formación de un grupo que escucha, se comunica, y trabaja en conjunto. Se sugiere que realice estas actividades entre la primera y la tercera semana del semestre. Sin embargo, puede utilizar estas actividades más adelante en el semestre, especialmente como ejercicios de entrenamiento.

Sección 3: Dirigiendo Actividades Colaborativas de Aprendizaje

Las actividades y técnicas de esta sección pueden ser usadas una vez que los estudiantes hayan tenido la oportunidad de conocerse unos a otros. El objetivo es establecer la expectativa en los estudiantes de aprender unos de otros, incluso cuando exista un desacuerdo. Esto desafiará a los alumnos a pensar sobre como otros estudiantes piensan y procesan el material en cuestión, lo que ayudará en el proceso de aprendizaje. Estas actividades requieren mayor colaboracion por parte de los estudiantes, introdúzcalas de 3 a 4 semanas después del inicio del semestre.

Sección 4: Facilitando un Grupo de Aprendices

Esta sección contiene técnicas y actividades que elevan las expectativas. Preséntelas cuando note que los estudiantes entienden que esperar del taller, es importante usar estas técnicas y actividades para mejorar el aprendizaje, de manera que lo "normal" no se vuelva lo "aburrido" y no caer en la rutina.

Sección 5: Juegos Competitivos para Evaluar la Compresión del Material

Esta sección incluye juegos competitivos que pueden ser usados una vez que los miembros del taller se conozcan y confíen entre sí. Por lo tanto, se realizan mejor durante la segunda mitad del semestre.

A lo largo de la guía, encontrará entradas llamadas "Técnica de dirección", estas son técnicas de facilitación para fortalecer sus habilidades al liderar un grupo- intente dominar estas técnicas mientras avanza el semestre para que, eventualmente, se conviertan en una práctica natural. Además de las técnicas de dirección, cada sección incluye actividades en equipo, cada una acompañada de instrucciones paso a paso, que puede realizar en su taller durante cada etapa del semestre. Por último, cada entrada incluye un espacio para escribir sus reflexiones. Estos comentarios le ayudarán a documentar sus ideas sobre una técnica o actividad en particular. Esto le permitirá conocer más sobre lo que funciona mejor para usted, y lo que mejorará su habilidad como facilitador.

En general, esta guía está estructurada de una manera que enfatiza las diferentes etapas del desarrollo grupal. El objetivo de la guía es ayudar a los facilitadores a construir un equipo de personas que puedan aprender unos de otros. Aun cuando la guía está dirigida principalmente hacia el Líder de Grupo, puede ser utilizada por personas o educadores que quieran implementar el aprendizaje basado en grupo en sus clases.

SECCIÓN 1

Preparándose para el Taller y para Su Papel como Líder de Grupo

Usted, como Líder de Grupo, debe considerar una multitud de aspectos que contribuyen al aprendizaje exitoso en equipo. Los académicos con los que trabaja y el programa PLTL en su campus tendrán algún tipo de entrenamiento en el que los Líderes de Grupo aprenden el contenido del curso y algunos problemas que deben implementar en el taller. Tal sesión de "preparación" es crítica para alinear lo que se cubre en la clase y lo que se evaluará en los exámenes. Es importante reconocer cuales técnicas, procesos y actividades pueden ser utilizadas para facilitar el aprendizaje en grupo.

En su papel como Líder de Grupo, se espera que establezca un ambiente de aprendizaje positivo donde todos se sientan cómodos participando. Para establecer este ambiente de aprendizaje positivo, es esencial que se tome los pasos y el tiempo necesario para planificar y facilitar una sesión de taller. Organizar su tiempo para planificar su taller (incluyendo la organización de actividades, ensayar, pedir comentarios, intercambiar ideas con colegas), le permitirá facilitar un taller que sea productivo para los estudiantes y le equipará con las herramientas para manejar cualquier contratiempo. Esta sección sugiere técnicas de planificación estratégica que pueden colocarlo en el camino hacia convertirse en un facilitador exitoso.

Planea, planea, planea —Asignar tiempo para planificar antes del taller es clave para la facilitación exitosa de las actividades del equipo. Esto le permitirá establecer sus expectativas y ver cómo se desarrollan en la práctica. Use la tabla en la página 11 para calcular el tiempo para las actividades en base a la duración de su sesión de taller. Pregúntese:

- ¿Cuál es el objetivo o propósito de la sesión del taller? ¿Qué aprenderán o podrán lograr los estudiantes al final de la sesión del taller?
- ¿Qué procesos y actividades usaré para centrarme en la tarea en cuestión, que es ayudar a los miembros del grupo a trabajar juntos para aprender el material
- ¿Qué voy a decir en mis instrucciones para cada segmento?
- ¿Qué materiales, folletos, números de página y hojas de trabajo necesitaré para cada segmento?

Tenga la tabla con usted durante la sesión del taller y tome notas para que pueda mejorar su sentido del tiempo y la eficacia de cada proceso y actividad. Este fuerte sentido del tiempo y organización lo ayudarán a ganar la confianza de los estudiantes en su taller.

Tener una tabla para planear bloques de tiempo para el taller puede ayudarlo a mantenerse enfocado hacia un objetivo en particular. Tenga en cuenta que, a pesar de su mejor planificación, pueden ocurrir eventos inesperados que lo retrasen. Por lo tanto, haga anotaciones en la tabla donde se debe modificar el tiempo, qué actividad no se usó y las preguntas que surgieron y no se pudieron responder de inmediato. Esto le ayudará a mejorar su desempeño durante el próximo taller.

El Tiempo de Cada Actividad – Es importante que a cada actividad se le dé un tiempo definido. Es fácil dedicar una significativa cantidad de tiempo a un solo problema o actividad y es fácil desviarse del objetivo. La asignación de tiempo definido maximizará el dedicado a la tarea, dando a los estudiantes un sentido de urgencia para completar el ejercicio asignado.

Prepare materiales – Antes del taller, reúna todos los materiales que necesitará. Intente hacer una lista de verificación durante la planificación de su taller, que puede ayudarlo a recordar todos los suministros necesarios para cada actividad.

Tabla de Muestra para Planificar su Sesión de Taller
En la página 11, hay una tabla de muestra que puede usar para organizar la planificación de su taller.

a:	Concepto(s) central(es):

ivo/Propósito/Meta del Taller:

io	Actividad	Instrucciones	Materiales
:10-11:20am itos]	[Título de cada actividad]	[Lo que explicara para dirigir cada actividad]	[material y Folletos necesarios para cada actividad]

:

Establezca un espacio óptimo para el trabajo en equipo — Antes de su primera sesión de taller, visite el espacio donde se llevará a cabo. Esto le permitirá visualizar el espacio mientras planifica su taller. Los talleres se realizan mejor en espacios que permiten que las sillas, mesas y pizarras se muevan. La razón de esto es porque el enfoque de aprendizaje en equipo se aleja del diseño convencional de un salón de clases donde todos los estudiantes se sientan hacia el frente de los maestros. El diagrama debajo muestra una configuración ideal de los estudiantes. Aunque parezca que el líder este inmóvil, el rol de un Líder de Grupo es moverse entre diferentes grupos y parejas- asegúrese de interactuar con todos los estudiantes.

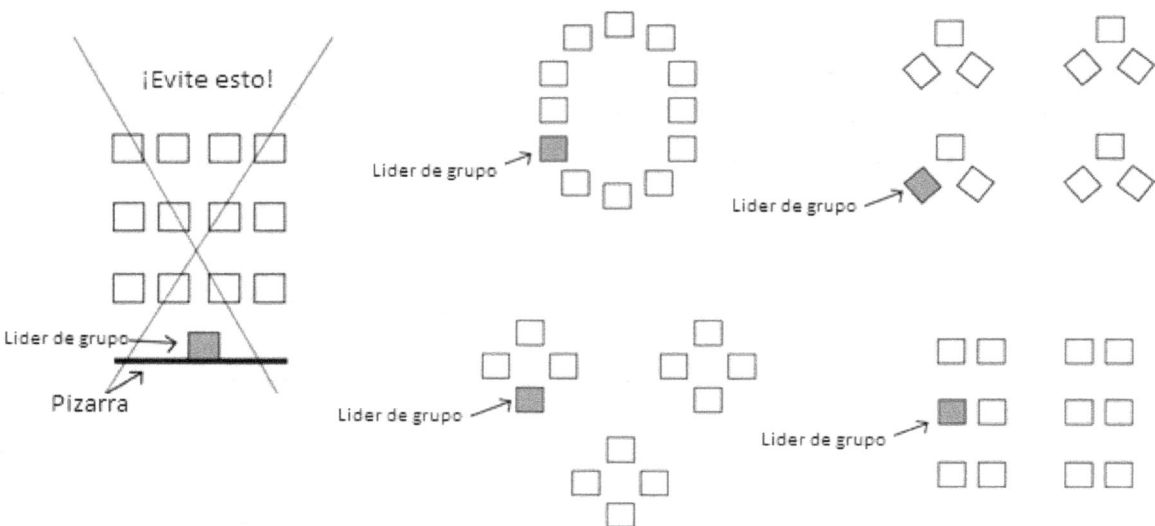

Tenga en cuenta que el espacio puede estar limitado por pizarras fijas, puede haber butacas y no mesas. Si un Líder de Grupo no tiene acceso a un espacio que permita la reorganización del mobiliario, use esta guía para elegir actividades que funcionen de acuerdo con estas limitaciones de espacio o planifique con anticipación para reservar una habitación que satisfaga las necesidades de la actividad. Mientras planifica, siempre pregúntese: "¿Podemos llevar acabo esta actividad dado el espacio?"

Agrupando a los participantes de los talleres — Agrupar a los estudiantes deliberadamente le permitirá crear equipos diversos y evitar que los estudiantes trabajen continuamente con los mismos compañeros. Dado que cada participante en un grupo de taller tiene algo que aportar, encontrar formas que permitan que cada participante se relacione con diferentes personas sentará la base de una experiencia enriquecedora.

El número ideal del grupo de PLTL es de 6 a 8 estudiantes. A pesar de eso muchos grupos de PLTL tienen un número mayor, muchos programas de PLTL tienen más de ocho estudiantes por taller. El Líder de Grupo deberá reconfigurar de manera constante y estratégica grupos más pequeños. Puede hacer esto pidiéndoles a los participantes que cuenten un numero por persona y luego dividiendo el número de participantes por el número base del tamaño de grupo que desee. Por ejemplo, si desea que los estudiantes trabajen en grupo de 6 y tiene 12 estudiantes, pídales que cuenten de uno a seis; la séptima persona comienza de nuevo en número uno. En talleres posteriores, dirija a los estudiantes a trabajar en otras configuraciones, como tríos o cuartetos.

En su primer taller, puede percibir a ciertos estudiantes como "fuertes" o "débiles". No asuma que sus observaciones iniciales son precisas. Déjese sorprender por los estudiantes que pueden ser tímidos. Algunos no pueden estar acostumbrados a hablar en un entorno académico o a prepararse para participar en el material del curso. Esta es su oportunidad de encontrar el modo de involucrar a cada individuo.

Modificar los equipos es extremadamente útil para garantizar que todos los estudiantes participen y trabajen, las discusiones de todo el grupo también son importantes. Estas pueden ser útiles al final del taller para las sesiones de reflexión.

Dar instrucciones claras — Las actividades exitosas en equipo dependen del entendimiento de los estudiantes sobre lo que están haciendo. Si no lo hacen, muchos estudiantes pasarán un valioso tiempo de trabajo tratando de averiguar qué se les está pidiendo. Si los estudiantes parecen confundidos, puede pedirle a un estudiante que explique las instrucciones hasta el momento. Aquellos que están confundidos pueden hacer una pregunta para aclarar sus dudas. Se recomienda no preguntar si los participantes entendieron o no entendieron sus instrucciones. En su lugar, pídale a un estudiante que repase las instrucciones y pregunte si hay dudas. Espere unos segundos para permitir que los alumnos procesen las instrucciones y respondan.

Establecer expectativas para los alumnos — Muchos estudiantes dudan en participar en discusiones grupales por temor a avergonzarse frente a sus compañeros. Es importante romper este miedo al fijar las expectativas de comportamiento que usted tiene de sus estudiantes. Algunas expectativas generales incluyen: ser respetuoso con todos, evitar frases como "esto es fácil" y participar activamente en todas las actividades. Haga énfasis en que el objetivo del taller es ayudarse y aprender unos de otros y que es importante que todos descubran lo que no saben por medio de preguntas. Dije claramente todas sus expectativas al comienzo de cada sesión del taller.

Formular preguntas — El arte del cuestionamiento sustenta todo su trabajo como facilitador del aprendizaje. No importa el tema, su capacidad para formular preguntas animará a los estudiantes a considerar diferentes modos de manejar los conceptos y problemas presentados. Un ejemplo del uso de preguntas para facilitar el aprendizaje es responder preguntas con preguntas. Este es un método eficaz pues es lo opuesto a "enseñar": los estudiantes entienden que no se responderá a las preguntas directamente, pero puede proporcionar sugerencias y dirigir a los estudiantes hacia la comprensión a través de su propio conocimiento y esfuerzo.

Formular preguntas que provoquen a pensar y hablar — Los problemas o preguntas que los estudiantes trabajen en equipos deben fomentar la interacción del equipo y facilitar discusión; estos problemas son los que promueven una comprensión más profunda de los conceptos. Los problemas también deben desarrollarse unos sobre otros en lugar de ser un surtido de preguntas. Crear preguntas que reten al estudiante puede ser un esfuerzo de equipo con otros líderes y profesores.

¡ Reflexionar! — Al final de cada taller, revise lo que hizo como facilitador. Encuentre las técnicas y actividades que eligió usar en su tabla de tiempo y ESCRIBA sus comentarios, puede mantener un diario físico o digital. Reflexione sobre si las técnicas y actividades alcanzaron su meta de ayudar a los estudiantes a aprender los conceptos presentados en el taller.

Notará que cada técnica y actividad incluida en esta guía termina con preguntas que lo motivan a reflexionar, alientan el procesamiento por escrito, y requieren que considere cómo planea usar la técnica o la actividad nuevamente. Las indicaciones que verá incluyen:

1. ¿Cómo funcionó esta técnica?
2. ¿Qué funcionó bien? ¿Por qué cree que fue así?
3. ¿Qué no funcionó bien? ¿Por qué cree que fue así?
4. ¿Qué hará diferente la próxima vez? Escriba y explíquelo.

Aunque hay espacio para escribir sus reflexiones en las páginas de varias entradas en esta guía, sería prudente escribir sus reflexiones en su propio diario físico o digital.

Nota: concéntrese en dominar una o dos técnicas y una actividad para cada sesión de taller y vuelva a intentarlas durante el mismo semestre. Esfuércese por mejorar constantemente como facilitador y líder de su grupo. Descubrirá que cuanto más utilice diferentes enfoques, más cómodo se sentirá en su rol de Líder de Grupo.

Junta previa para preparación de los Líderes de Grupo — La mayoría de los programas de PLTL incluyen una reunión semanal o quincenal donde compartir las mejores prácticas, estrategias y hacer lluvia de ideas "brainstorming" para desarrollar problemas con otros Líderes de Grupo. Esto es increíblemente importante ya que promueve estrategias nuevas y creativas que se pueden implementar en las sesiones del taller. También es importante usar este tiempo para comenzar a planificar su taller para la semana.

Conocer sus recursos – *una técnica de dirección*
[Parker, Hargis, Krummel, Weaver, Yates, & Yusufova. 2012]

Idea: Encuentre materiales y temas para el taller mientras utiliza una variedad de técnicas. Use una amplia base de ideas y estilos en sus grupos, reuniendo recursos de todos los proveedores disponibles. Dichos recursos pueden incluir otros textos, otros profesores, otros estudiantes, sus laboratorios y diferentes clases.

Consejos: Asegúrese de evitar el uso de un solo estilo de técnica de aprendizaje. Siempre mantenga la diversidad al crear su base de actividades. ¡No se estanque! Luche por incorporar nuevas ideas y temas constantemente.

Ejemplo: Encontrar recursos:
- Promueva el obtener apoyo en línea: compartir a alta velocidad, actualizaciones instantáneas, comentarios, etc.
- ¡Busque nuevos contactos! ¡PLTL es nacional, no lo olvide! Visite www.pltlis.org
- Tome los recursos existentes y adáptelos para adaptarse a su taller.

SECCIÓN 2

Formar un grupo exitoso de estudiantes

Usted, el Líder de Grupo, es el facilitador y guía que permite que un grupo de estudiantes se conviertan en un equipo exitoso. Al comienzo del semestre, es importante permitir que los estudiantes se conozcan entre sí y que usted conozca a sus estudiantes. Esto generará la confianza y la comodidad necesarias que permiten un aprendizaje en equipo significativo a medida que avanza el semestre. También es importante que los estudiantes asuman sus responsabilidades y las expectativas que usted tiene de ellos. Esta sección proporciona técnicas que le permitirán guiar el proceso de formación del grupo, así como instrucciones para actividades que involucren a los participantes en el aprendizaje activo del material del curso. Estas técnicas de dirección y actividades fijarán el ritmo para el semestre.

Las actividades comienzan con los participantes trabajando en parejas, que es el arreglo menos difícil e intimidante del aprendizaje en equipo. Este arreglo es útil cuando los participantes del grupo son extraños entre sí, y las barreras deben ser disminuidas para entablar una conversación significativa. Para ayudarlo en su desarrollo como facilitador del aprendizaje en equipo, planifique no solo qué contenido y tareas facilitará, sino también cómo fomentará el proceso de participación. Cada página le pide que reflexione sobre lo que sucedió cuando utilizó una técnica o actividad. Recuerde que, con el tiempo, la reflexión fortalecerá su práctica.

"Charlar", o el arte de conocer a alguien
A.E. Dreyfuss

Es fuertemente recomendable que la primera sesión del taller comience con este rompehielos para permitir a los participantes aprender los nombres y puntos en común de los demás. Hay muchas actividades que buscan "romper el hielo" y esta es especialmente útil para permitir que los participantes conversen informalmente entre sí. Usted y los participantes en el grupo deben aprender los nombres de cada uno: trabajarán juntos en la tarea de aprender durante el semestre. Escuchar, hablar y presentar son habilidades que serán necesarias.

Este rompehielos está diseñado para permitir que dos participantes en el taller, que no se conocen, pero están registsrados en el mismo curso se reúnan y conversen. Hablar solo con otra persona es la forma menos estresante de "agrupar" estudiantes. Esto brinda la oportunidad de hacer preguntas y escuchar las respuestas; También ofrece la oportunidad de dirigirse hacia un grupo más grande al presentar a su compañero.

Instrucciones:
1. Cuente el número de participantes en el taller. Divida el total a la mitad de manera que se agrupen en pares. Si hay un número impar de participantes, usted completará el grupo. Pida a los alumnos que cuenten hasta el número resultante para trabajar en parejas.

2. Cada miembro de la pareja debe entrevistar a su compañero, comenzando por su nombre, y se les pide que encuentren tres cosas que tienen en común, además de lo obvio, como tomar el mismo curso o asistir a la misma escuela.

3. El entrevistador escribirá el nombre de su compañero en una hoja en forma de tienda (haga que todos los participantes doblen una hoja de papel en tres a lo largo). Indíqueles que verifiquen que escribieron correctamente y que sepan pronunciarlo. [Mantenga las tarjetas con usted entre sesiones de taller - esta es una manera fácil de tomar asistencia la próxima sesión.]

4. Como facilitador, permita entre tres y cuatro minutos para que cada compañero hable. Déjeles saber cuánto tiempo resta.

5. Pida que se ponga de pie una pareja de voluntarios y que un participante presente a su pareja a todo el grupo. Pídales que digan lo siguiente: "El/ella es _____; a los dos nos gusta _____." La persona que acaba de ser presentada a su vez presenta a su pareja y debe mencionar otra característica

común que comparten. Si usted, el Líder de Grupo, participa, asegúrese de presentar al último. [Tenga en cuenta que el énfasis está en decir y escuchar los nombres de todos los participantes en el grupo y encontrar puntos en común].

6. Resuma el rompehielos nombrando a cada participante (incluidos los "nombres preferidos", por ejemplo, cómo quiere que se llame a un participante), asegurándose de que la pronunciación sea correcta. Escuche cómo los participantes dicen sus nombres y mire la tarjeta para asociar la ortografía con el sonido.

Seguimiento por parte de Líder de Grupo:

7. Haga circular un formulario: solicite a cada participante que proporcione información de contacto: nombre, correo electrónico, teléfono. Indique que distribuirá la información a todos los participantes del taller para que puedan formar grupos de estudio fuera del horario del taller.

8. Segunda sesión del taller: Use las tarjetas para posicionar y agrupar a los participantes del taller para la actividad de apertura.

Reflexiones

1. ¿Cómo funcionó esta técnica?
2. ¿Qué funcionó bien? ¿Por qué cree que fue así?
3. ¿Qué no funcionó bien? ¿Por qué cree que fue así?
4. ¿Qué hará diferente la próxima vez? Escríbalo.

Hacer preguntas – una técnica de dirección
[Parker, Hargis, Krummel, Weaver, Yates, & Yusufova, 2012]

Idea: Hágale al estudiante o grupo una pregunta muy general. La idea es hacer una pregunta no relacionada específicamente con el problema que se está intentando resolver. Hacer una pregunta más general debe generar nuevas ideas para ayudar a resolver el problema.

Consejos: La pregunta puede tener un punto de guía, por ejemplo, la respuesta puede aludir a un punto de referencia desde el cual comenzar o relacionar un proceso que puede aplicarse. Esta es una estrategia útil para motivar a los estudiantes a considerar conceptos relevantes y promover interacciones productivas entre los estudiantes.

Posibles dificultades: Los estudiantes pueden no entender el punto de su pregunta. Cuando los alumnos hayan resuelto el problema, vuelva a relacionarlo con la pregunta planteada para que el grupo pueda ver la conexión. Esto genera confianza en el líder, así como una comprensión más profunda del material.

Ejemplos: Schoenfeld (1985): "¿Qué estás haciendo?", "¿Por qué lo haces?", "¿A dónde crees que te llevará?" Rey (1992): "¿Qué sabemos ya ...?"; "¿Cuál es la diferencia entre ... y ...?"; " ¿Hay otros enfoques posibles?"

Reflexiones

1. ¿Cómo funcionó esta técnica?
2. ¿Qué funcionó bien? ¿Por qué cree que fue así?
3. ¿Qué no funcionó bien? ¿Por qué cree que fue así?
4. ¿Qué hará diferente la próxima vez? Escríbalo.

Enfoque en el proceso – una técnica de dirección
[Parker, Hargis, Krummel, Weaver, Yates, & Yusufova, 2012]

Idea: Los estudiantes estiman la respuesta (sugieren un resultado) en lugar de usar una calculadora. Esto les dará una mejor idea del proceso cualitativo. Debido a que los estudiantes tienen que hacer los cálculos para el examen, (deberán saber cómo hacer el cálculo). Este método les permitirá a los estudiantes estimar primero y saber si su respuesta calculada es razonable.

Consejos: No se obsesione con las matemáticas; concéntrese en los conceptos y en cómo resolver los problemas en lugar de los números. Posiblemente haga que las constantes conocidas sean ambiguas para calificar las respuestas, pero asegúrese de hacerles saber lo que está haciendo, para que no utilicen valores incorrectos en la prueba.

Posibles dificultades: A veces los estudiantes se sienten intimidados por las matemáticas en el examen o quieren obtener un producto final y eso los irrita, por lo que debe variar su enfoque, a veces centrándose en el problema (al comienzo del taller) y luego hacia el al final de esa sección. Concéntrese en todos los aspectos del problema, incluidos los cálculos.

Reflexiones

1. ¿Cómo funcionó esta técnica?
2. ¿Qué funcionó bien? ¿Por qué cree que fue así?
3. ¿Qué no funcionó bien? ¿Por qué cree que fue así?
4. ¿Qué hará diferente la próxima vez? Escríbalo.

Dar pistas – una técnica de dirección
[Parker, Hargis, Krummel, Weaver, Yates, & Yusufova, 2012]

Idea: Si sus estudiantes están realmente atascados y ni siquiera pueden comenzar un problema, puede darles una pista sobre el tipo de problema o referirlos a un problema similar anterior. Ayúdelos a discernir qué están resolviendo y luego "guíelos" al proceso correcto. Si estas ideas no funcionan, puede ayudarlos a establecer el primer paso.

Consejos: Esta idea funciona bien con estudiantes que realmente están luchando o se encuentran estancados en un punto. Les permite seguir resolviendo la mayoría del problema incluso cuando pueden haberse quedado atascados al principio.

Posibles dificultades: Si utiliza este enfoque con demasiada frecuencia, los alumnos de su taller, pueden volverse demasiado dependientes de usted. Asegúrese de dar suficiente tiempo para que los estudiantes resuelvan el problema y solo intervenga como último recurso.

Reflexiones

1. ¿Cómo funcionó esta técnica?
2. ¿Qué funcionó bien? ¿Por qué piensa que fue así?
3. ¿Qué no funcionó bien? ¿Por qué piensa que fue así?
4. ¿Qué hará diferente la próxima vez? Escríbalo.

Esperar una respuesta – una técnica de dirección
[Parker, Hargis, Krummel, Weaver, Yates, & Yusufova, 2012]

Idea: Dé tiempo a los estudiantes para responder al problema o a la pregunta planteada en el taller (general o redirigida).

Consejos: Debe darles tiempo a los alumnos para pensar en la respuesta. No vaya al estudiante que obtiene la respuesta más rápido que los demás. Si desea que los estudiantes den respuestas de calidad, debe darles tiempo para pensar y evaluar la información.

Posibles dificultades: Si el estudiante no responde después de algún tiempo de espera razonable (al menos 30 segundos) usted puede:

- Hacer preguntas clave
- Pida a otros que participen

No avergüence a los estudiantes con tiempos de espera insoportables.

Ejemplo: El tiempo de espera es situacional. El tiempo mínimo debe ser de 30 segundos y puede extenderse a minutos, según corresponda. Puede informar al grupo en la reunión inicial que dará tiempo para responder cada vez que se le haga una pregunta a un estudiante.

Reflexiones

1. ¿Cómo funcionó esta técnica?
2. ¿Qué funcionó bien? ¿Por qué piensa que fue así?
3. ¿Qué no funcionó bien? ¿Por qué piensa que fue así?
4. ¿Qué hará diferente la próxima vez? Escríbalo.

Preguntas de redirección – *una técnica de dirección*
[Parker, Hargis, Krummel, Weaver, Yates, & Yusufova, 2012]

Idea: Use técnicas de guía para impulsar el taller en direcciones productivas. Haga que los estudiantes vuelvan a evaluar lo que están preguntando y brinde orientación "apenas suficiente" para guiarlos en la dirección correcta. Presiónelos a responder la pregunta entre ellos como grupo.

Consejos: Esta técnica es muy efectiva para expandir los límites de la dinámica de grupo. Al presionar a los estudiantes para que lo logren por su cuenta, efectivamente los "reta" a que lo resuelvan como grupo.

Posibles dificultades: los estudiantes pueden molestarse o frustrarse porque está haciendo una pregunta en respuesta a su pregunta, o por la falta de progreso en la resolución de problemas. Evite errores como "esquivar" preguntas o dirigir demasiado. Encuentre un equilibrio y manténgalo.

Ejemplo: Estudiante*:* hace preguntas sobre el problema.

Líder: "Esa es una buena pregunta. ¿Tú qué opinas?" O bien, el líder responde con una pregunta que obliga al estudiante o grupo a evaluar lo que están haciendo y por qué.

Reflexiones

1. ¿Cómo funcionó esta técnica?
2. ¿Qué funcionó bien? ¿Por qué piensa que fue así?
3. ¿Qué no funcionó bien? ¿Por qué piensa que fue así?
4. ¿Qué hará diferente la próxima vez? Escríbalo.

Solución de problemas en pares

[Narode, 2012]

Esta actividad es útil para alentar a los estudiantes a escucharse unos a otros. Requiere que los estudiantes practiquen la paciencia en el proceso de resolver un problema y puede permitirles aprender sobre los procesos de pensamiento de los demás. La interacción requerida en esta actividad se caracteriza por enfocarse en el lenguaje utilizado por el que soluciona el problema y en que el oyente acepte la visión del solucionador para el camino hacia la respuesta.

Los estudiantes en el taller se dividen en pares: uno es el solucionador de problemas y el otro es el oyente. Cada par tiene un problema.

Instrucciones para el solucionador de problemas

El alumno designado como solucionador de problemas comienza leyendo el problema en voz alta al otro alumno (el oyente) y expone todos los pensamientos sobre cómo resolver el problema. Solo el solucionador de problemas habla y escribe todo sobre el problema. El solucionador de problemas es responsable de articular todas las ideas a medida que ocurren, mientras que el oyente tiene una tarea opuesta.

Instrucciones al oyente
El papel de oyente es bastante difícil. El oyente debe:

1. Escuchar atentamente. Pedir al orador que repita las declaraciones si es necesario, o que disminuya la velocidad.
2. Fomentar la vocalización. Preguntar: "¿Qué estás pensando?" y "¿Puedes explicar lo que estás escribiendo?"
3. Pedir aclaraciones, por ejemplo, "¿Qué quiere decir?" y "¿Puedes decir más sobre eso?"
4. Verificar la precisión preguntando: "¿Está seguro de eso?"

También hay cosas que el oyente "no debe de hacer":

1. No debe dar pistas
2. No debe resolver el problema
3. No indicar al solucionador cómo corregir un error.

Mientras el solucionador está hablando, el oyente debe evitar resolver el problema por sí mismo, de manera que enfoque su concentración y atención total a comprender la solución del compañero.

Instrucciones para el Líder de Grupo

Cada dos o tres minutos, el Líder de Grupo debe dejar de trabajar con un par de estudiantes para ayudar a otra pareja, sirviendo como entrenador. Después de identificar primero al solucionador de problemas y al oyente, el Líder de Grupo debe dirigir todas las preguntas al oyente y no al solucionador de problemas. Si el oyente no puede explicar la solución del problema, debe indicarse al oyente que pida al solucionador de problemas que explique la solución.

El Líder de Grupo debe regresar después de que el oyente se sienta seguro de que cada uno comprende la solución y que el oyente puede comunicarla de manera efectiva. Al escuchar la solución, el Líder de Grupo debe buscar cualquier incertidumbre o confusión, y remarcar cuándo y dónde ocurre. La respuesta de un estudiante no se reconoce como correcta o incorrecta. El Líder de Grupo gestiona continuamente el taller a través de la observación constante, la retroalimentación cuando es necesario, la dirección.

Reflexiones

1. ¿Cómo funcionó esta técnica?
2. ¿Qué funcionó bien? ¿Por qué piensa que fue así?
3. ¿Qué no funcionó bien? ¿Por qué piensa que fue así?
4. ¿Qué hará diferente la próxima vez? Escríbalo.

Pensar-Pares-Compartir
[Lyman, 1981]

Esta es una actividad útil para el inicio del taller y asegura que el equipo comprenda conceptos desafiantes antes de lanzarse a la resolución de problemas. Es una buena manera de involucrar más a estudiantes introvertidos que no se sienten cómodos expresando sus pensamientos frente a un grupo numeroso.

Instrucciones:
- PIENSE: Haga una pregunta a los alumnos y pídales que la respondan individualmente. Se sugiere que esta pregunta sea una que requiera que los estudiantes definan un concepto específico.

- PARES - Permita a los estudiantes discutir sus respuestas con un compañero.

- COMPARTIR: Haga que los estudiantes compartan lo que se discutió con otro par de estudiantes. El Líder de Grupo puede llamar a algunos estudiantes para compartir sus respuestas con todo el equipo.

- *Evaluación sugerida*: Evalúe a los estudiantes sobre su comprensión del concepto pidiéndoles que formen equipos de cuatro y resuelvan un problema relacionado con la pregunta original.

Reflexiones

1. ¿Cómo funcionó esta técnica?
2. ¿Qué funcionó bien? ¿Por qué piensa que fue así?
3. ¿Qué no funcionó bien? ¿Por qué piensa que fue así?
4. ¿Qué hará diferente la próxima vez? Escríbalo.

Escritura rápida
Andrea McWilliams

Esta es una actividad útil para el inicio del taller, asegura que todos estén al día con la lectura asignada y les da la oportunidad de hacer preguntas sobre conceptos difíciles antes de comenzar a resolver problemas. Es una buena manera de involucrar a los estudiantes introvertidos que no se sienten cómodos participando en actividades de equipos numerosos. También desafiará a los estudiantes a reflexionar sobre el material que leen en lugar de simplemente leer pasivamente sin comprender. También es útil si por alguna razón los estudiantes vienen al taller sin preparación. Sin embargo, trate de evitar hacer esta actividad durante cada taller porque puede conducir a una falta de preparación crónica.

Instrucciones:
1. Pida a los alumnos que, individualmente, lean una sección de sus libros de trabajo y creen un resumen de lo que acaban de leer. Deben considerar las siguientes preguntas en su resumen: ¿Qué aprendieron? ¿Qué conceptos específicos encontraron confusos? ¿Cuáles son algunas definiciones clave?

2. Después de crear sus resúmenes, pídales a los estudiantes que se pongan en parejas y comparen sus notas. Pídales que escriban cualquier información que falte en sus resúmenes y que se incluyó en los de su pareja.

3. Asigne un problema relacionado con la lectura que acaban de completar y analizar. Los estudiantes deben trabajar en este problema en parejas.

4. Pase a la siguiente sección de lectura y repita el proceso anterior.

5. *Evaluación sugerida*: Al final del taller, entregue a los estudiantes un cuestionario en el que trabajen individualmente que contenga preguntas similares a las que se dieron durante el taller. Recopile y califique el cuestionario para que los estudiantes sepan qué contenido deben revisar.

Reflexiones

1. ¿Cómo funcionó esta técnica?
2. ¿Qué funcionó bien? ¿Por qué piensa que fue así?
3. ¿Qué no funcionó bien? ¿Por qué piensa que fue así?
4. ¿Qué hará diferente la próxima vez? Escríbalo.

SECCIÓN 3

Dirigiendo Actividades de Aprendizaje Colaborativo

Después de usar las técnicas de pares en la primera y segunda sesión del taller, habrá permitido que los estudiantes se conozcan y ha puesto en claro sus expectativas de los estudiantes. Una vez que su taller haya alcanzado este objetivo, los estudiantes pueden dejar de trabajar en parejas para trabajar en grupos más grandes: tres o cuatro miembros por grupo. Los grupos más grandes desarrollarán habilidades de resolución de problemas, alentarán el liderazgo, la colaboración y fortalecerán la capacidad del estudiante para escuchar a aquellos que no están de acuerdo con el fin de llegar a una solución. Estas habilidades se desarrollan a través del trabajo con varias personas que están equipadas con diferentes ideas y procesos de aprendizaje. También son esenciales para lograr un conocimiento perdurable del contenido del curso. Esta es la esencia del aprendizaje en equipo.

Las actividades mencionadas en esta sección proporcionan instrucciones detalladas y diseñadas para ayudarlo a planificar las actividades del taller involucrando grupos más grandes que requieren una mayor colaboración. Cada actividad varía en el tamaño del equipo requerido. Los diferentes tipos de actividades le permitirán experimentar con su taller para descubrir qué tipos de actividades funcionan mejor con sus estudiantes. Se puede usar más de una de estas actividades dentro de una sesión de taller para crear un entorno dinámico que responda a diversos procesos de aprendizaje. También puede continuar usando las actividades de la Sección 2.

Cuando trabaja con los miembros de su taller, es importante que se concentre en facilitar los procesos y actividades del grupo, y no en actuar "como maestro". Eso es el trabajo del profesor. Su responsabilidad es garantizar que todos los participantes se involucren en el aprendizaje del material discutiendo el proceso para llegar a una respuesta o un producto. También asegúrese de continuar reflexionando sobre todas las actividades que aplica: ¿Respondió a las preguntas de reflexión después de intentar algo? ¿Qué no ha funcionado bien? ¿Cuál fue la razón por la que algo funcionó bien? La reflexión es clave para mejorar sus habilidades de facilitación.

A medida que implemente las actividades incluidas en esta sección, que involucran grupos más grandes, pregúntese si los miembros del taller están preparados para aportar la energía y el compromiso necesario para un trabajo grupal exitoso. La siguiente es una lista de verificación que puede ayudarlo a evaluar mejor si su grupo está listo para participar en una actividad de aprendizaje en equipo.

¿Ha construido una cultura de taller donde los estudiantes se sienten cómodos estando equivocados?
— Muchos estudiantes dudan en intentar problemas por miedo a equivocarse. Piense en formas creativas para desmantelar este miedo tan común. Una frase simple que puede incorporar al dar instrucciones para actividades o juegos en equipo es: "Está bien equivocarse. Eso es parte del aprendizaje ". Enfatice que el objetivo del taller es ayudar y aprender unos de otros.

¿Han desarrollado los estudiantes fuertes interacciones con sus compañeros?
— Los estudiantes deben sentirse cómodos escuchando y analizando lo que otros tienen que decir. Los estudiantes pueden rechazar rápidamente otras ideas si no concuerdan lo que piensan que es verdad. Por lo tanto, es importante enfatizar el arte de escuchar y comunicarse con aquellos que están en desacuerdo o tienen una lógica diferente detrás de una solución.

¿Cómo se sienten los estudiantes el día del taller?
— Parte del papel de un Líder de Grupo como facilitador es "leer el ambiente". Esto significa que un Líder de Grupo debe tener una idea de cómo se sienten los estudiantes en un día en particular. Si los estudiantes parecen lentos, los Líderes de Grupo deben pensar en los factores que podrían estar contribuyendo a esto y cómo puede afectar la capacidad de un grupo para colaborar entre sí. Por ejemplo, debe considerar factores situacionales como:
- ¿Ya es el final de la tarde?
- ¿Es hora de la comida?
- ¿Es temporada de exámenes?

Hacer este tipo de preguntas le permitirá planificar actividades apropiadas que motivarán a los estudiantes.

¿Está preparado para responder si hay fricción dirigida a usted u otros participantes en el grupo del taller?
— Puede esperar fricciones y desacuerdos. Entender la raíz del desacuerdo y su reacción ante ello establecerán la base para la interacción entre los miembros del grupo. Cada participante en el grupo del taller es importante. Alguien que muestra frustración o falta de entendimiento presenta una oportunidad para atraer a todos los miembros del grupo. Durante las reuniones semanales, es útil analizar con otros Líderes de Grupo los mejores métodos para aprender a navegar situaciones incómodas.

Grupo pequeño/Grupo grande – *una técnica de dirección*
[Parker, Hargis, Krummel, Weaver, Yates, & Yusufova, 2012]

Idea: Los estudiantes trabajan en grupos de dos o tres en un problema asignado y después presentan su trabajo a todo el grupo.

Consejos: Todo el grupo se divide en dos o más grupos más pequeños. Esto promueve la participación estudiantil. El tiempo es esencial. Establezca un límite de tiempo para que los grupos pequeños terminen el problema.

Posibles dificultades: Asegúrese de que los grupos pequeños realmente estén trabajando juntos y no dependan de una persona para resolver el problema. Esto puede solucionarse al supervisar cada grupo.

Reflexiones

1. ¿Cómo funcionó esta técnica?
2. ¿Qué funcionó bien? ¿Por qué piensa que fue así?
3. ¿Qué no funcionó bien? ¿Por qué piensa que fue así?
4. ¿Qué hará diferente la próxima vez? Escríbalo.

El Método Artístico – *una técnica de dirección*
[Parker, Hargis, Krummel, Weaver, Yates, & Yusufova, 2012]

Idea: Pedirle al grupo o a un individuo que dibuje en la pizarra lo que piensan que está sucediendo en el problema. El grupo, en su conjunto, puede sentarse y discutir sus ideas e incluso revisar el dibujo original.

Consejos: Siempre es útil visualizar lo que sucede más allá de los números y las ecuaciones. Todos los grupos se benefician de una interpretación visual. El Internet también es un gran recurso para encontrar formas alternativas de presentar contenido científico (por ejemplo, obras de teatro sobre la adición electrofílica, canciones como "Grignard, the Beautiful" basado en "America, the Beautiful").

Posibles dificultades: Un problema que puede presentarse es una representación errónea de la información. Un líder o un grupo que comprenda el tema debería ser capaz de detectar cualquier falla evidente y dirigir la discusión exitosamente.

Ejemplo: La mayoría de los problemas de física implican una imagen de lo que está sucediendo. Un problema clásico de una palanca es más fácil de visualizar con una caricatura de la palanca que incluya un análisis representativo de fuerzas y distancias.

Reflexiones

1. ¿Cómo funcionó esta técnica?
2. ¿Qué funcionó bien? ¿Por qué piensa que fue así?
3. ¿Qué no funcionó bien? ¿Por qué piensa que fue así?
4. ¿Qué hará diferente la próxima vez? Escríbalo.

Avanzar cuando no todos entiendan – *una técnica de dirección*
[Parker, Hargis, Krummel, Weaver, Yates, & Yusufova, 2012]

Idea: Si el taller se alarga o si algunos estudiantes atrasan al grupo repetidamente (a pesar de los esfuerzos del líder y/o los estudiantes para explicar), el líder puede tomar la decisión de seguir adelante. Anime a todos a que estudien por su propia cuenta y hagan cualquier pregunta la siguiente semana o dentro de otros recursos disponibles (por ejemplo, horario de oficina).

Consejos: Solo debe utilizarse con estudiantes que no están preparados o están atrasados en clase. Esperamos que estos estudiantes reconozcan su responsabilidad en el trabajo grupal. En privado, haga saber a los estudiantes qué otros recursos están disponibles para ellos, por ejemplo, tutorías, consulta con el profesor, laboratorio, libros, recursos en línea y tutoriales.

Posibles dificultades: Esto puede ofender a un estudiante, por lo que deberá ser cortés. Usualmente otra solución es pedirles a otros estudiantes que expliquen ya que a menudo existen diversas formas de resolver o explicar un problema: visual, modelado, relacionado con la vida, haciendo analogías o organizadores gráficos.

Reflexiones

1. ¿Cómo funcionó esta técnica?
2. ¿Qué funcionó bien? ¿Por qué piensa que fue así?
3. ¿Qué no funcionó bien? ¿Por qué piensa que fue así?
4. ¿Qué hará diferente la próxima vez? Escríbalo.

Resumen post mortem – *una técnica de dirección*
[Parker, Hargis, Krummel, Weaver, Yates, & Yusufova, 2012]

Idea: Cuando los alumnos presentan una respuesta, es beneficioso que resuman su proceso de pensamiento. Al resumir el proceso, los estudiantes se ven obligados a organizar sus ideas y revisar su proceso. Además, otros miembros del grupo pueden beneficiarse de la explicación y el líder puede ayudar a llenar los vacíos.

Consejos: Esta idea funciona bien con los estudiantes que generalmente intentan apresurarse en el taller, porque los obliga a reducir la velocidad. También puede ser útil con grupos demasiado tranquilos para aumentar la participación.

Posibles dificultades: En resumen, si un estudiante no comprende el problema puede sentirse avergonzado y el resto del grupo puede terminar confundido. Usted puede analizar el proceso que siguió el grupo revisando los pasos que utilizaron para resolver el problema. Puede pedir al alumno que escriba la secuencia del proceso antes de explicarlo para minimizar la confusión.

Ejemplo: Al repasar la autoevaluación de su taller, no se conforme con la respuesta. Pídales a sus alumnos que expliquen el proceso que utilizaron. Si la pregunta es más conceptual, asegúrese de requerir algo más que una definición del libro de texto de los estudiantes. También es una buena idea pedirles que expliquen en sus propias palabras un significado y proporcionen ejemplos del mundo real.

Reflexiones

1. ¿Cómo funcionó esta técnica?
2. ¿Qué funcionó bien? ¿Por qué piensa que fue así?
3. ¿Qué no funcionó bien? ¿Por qué piensa que fue así?
4. ¿Qué hará diferente la próxima vez? Escríbalo.

Chalk Talk (Conversación de pizarra)
[Brookfield, 2017, adapted from Hilton Smith]

Como señala Brookfield (2017), hay períodos de silencio que ocurren mientras se trabaja en grupos. Su taller puede incluir estudiantes introvertidos, estudiantes cuyo segundo idioma es el inglés, o aquellos cuya cultura no fomente expresar opiniones. Comprenda que el silencio proporciona tiempo para la reflexión, para establecer conexiones cognitivas o para practicar qué decir. Elija un tiempo para un silencio intencional, mediante el cual se les pide a los estudiantes que tomen un minuto para formular una pregunta antes de hablar. Esto permite que el silencio sea visto como una parte necesaria del ritmo de conversación.

1. Facilitador: escriba una pregunta en un papel o en la pizarra y enciérrela en un círculo: las preguntas pueden ser: *¿Cuál es el proceso de fotosíntesis? ¿Cuáles son los pasos en el ciclo del agua?*

2. Invite a los participantes a escribir respuestas en cualquier parte del papel o de la pizarra: todos están invitados a participar. Tenga múltiples marcadores o tizas disponibles.

3. Mientras todos escriben sus respuestas, guarde silencio para enfocarse en las respuestas escritas.

4. Facilitador: pídales a los que no participan que observen el diagrama y que <u>dibujen líneas entre los comentarios que parezcan conectarse de una forma u otra.</u> El facilitador también debe trazar líneas entre comentarios: escribir preguntas y agregar ideas.

5. Facilitador: termine la sesión silenciosa de lluvia de ideas cuando el papel o la pizarra estén tan llenos que sea difícil escribir nuevos comentarios o pase un tiempo sin más comentarios [5-10 minutos].

6. GRUPO ENTERO: Discutan el gráfico que se ha producido.
    - Identifiquen grupos de respuestas comunes
    - Redirijan las preguntas que se han planteado
    - Discutan diferentes perspectivas de análisis
    - Tomen en cuenta los comentarios aislados

7. Respalde lo que está escrito por medio de una foto. Envíela por correo electrónico o publique la foto para que todos puedan usarla como referencia.

8. Dependiendo del tipo de pregunta, identifique los problemas emergentes que serán asignados a cada equipo.

Nota: Las conversaciones de pizarra desarrollan las capacidades visuales de los participantes, lo que permite ver las conexiones y contradicciones mediante el escaneo visual. Es más difícil conectar los comentarios con la verbalización. Dibujar líneas que conectan ideas en diferentes partes del tablero y promueve una conciencia de síntesis.

<u>Reflexiones</u>

1. ¿Cómo funcionó esta técnica?
2. ¿Qué funcionó bien? ¿Por qué piensa que fue así?
3. ¿Qué no funcionó bien? ¿Por qué piensa que fue así?
4. ¿Qué hará diferente la próxima vez? Escríbalo.

Evaluación independiente y en grupos pequeños
Andrea McWilliams

Aunque los momentos de trabajo independiente no son ideales en el taller estos pueden ayudar a los estudiantes a darse cuenta de lo que no entienden. Esta actividad permite a los estudiantes descubrir, primero las áreas del contenido que son difíciles y luego colaborar con sus compañeros para superar esos desafíos.

Instrucciones:
1. Al comienzo de la sesión del taller, entregue a los estudiantes una pregunta de evaluación sobre el material que debían haber estudiado antes del taller.

2. Recoja la evaluación después de que los alumnos la completen.

3. Pídales a los estudiantes que formen equipos de entre tres y cuatro miembros y entrégueles la misma pregunta.

4. Después de que el grupo complete la evaluación, devuelva la pregunta en la que trabajaron de forma independiente.

5. Indíqueles que reflexionen sobre las preguntas en las cuales se equivocaron pero que ahora tienen una mejor comprensión, respuestas correctas que posiblemente tuvieron una lógica incorrecta, o respuestas correctas y que lograron ser explicadas a un compañero. Pídales que escriban sus ideas y las discutan con su grupo.

<u>Reflexiones</u>

1. ¿Cómo funcionó esta técnica?
2. ¿Qué funcionó bien? ¿Por qué piensa que fue así?
3. ¿Qué no funcionó bien? ¿Por qué piensa que fue así?
4. ¿Qué hará diferente la próxima vez? Escríbalo.

Round-Robin (Participación circular)
[Parker, Hargis, Krummel, Weaver, Yates, & Yusufova, 2012]

Idea: Cada miembro del grupo trabaja en conjunto y es responsable de completar un paso del problema en la pizarra. Antes de continuar, el grupo debe estar de acuerdo que el paso propuesto es correcto. Los roles se pueden alternar en problemas posteriores.

Consejos: Esto ayuda a desglosar un problema en fragmentos más manejables. Los estudiantes pueden adquirir práctica con pasos más pequeños y ver cómo encajan en el proceso general.

Posibles dificultades: Tenga cuidado con los estudiantes que traten de controlar el uso de la pizarra. Esto no es un problema grupal si el miembro líder del equipo está activamente previniendo que sus compañeros tomen su turno en el tablero. Para los estudiantes que están estancados en un paso, recuérdeles que todo el grupo es un recurso para ellos.

Ejemplo: Esta táctica funciona bien para problemas largos, de "maratón", con una cantidad abrumadora de información. Incorpore "lo que sabemos" y la técnica organizadores gráficos.

Reflexiones

1. ¿Cómo funcionó esta técnica?
2. ¿Qué funcionó bien? ¿Por qué piensa que fue así?
3. ¿Qué no funcionó bien? ¿Por qué piensa que fue así?
4. ¿Qué hará diferente la próxima vez? Escríbalo.

Rompecabezas "Jigsaw"
[Aronson, 1978]

Esta actividad desafía a los estudiantes a explicar su proceso de pensamiento para resolver un problema. Debido a que cada estudiante debe "enseñar" a un equipo que no está familiarizado con el problema, esto presionará a los estudiantes para que documenten a fondo los pasos para resolver el problema.

Instrucciones:
1. Divida a los estudiantes en equipos de igual tamaño. Estos equipos serán los equipos "locales".

2. Dele a cada alumno del equipo local un problema diferente. Cada problema debe tener un número asignado.

3. Haga que los estudiantes formen nuevos equipos según el número de problema que recibieron (los estudiantes con el problema #1 formarán un equipo, los estudiantes con el problema #2 formarán un equipo, etc.). Estos equipos serán los equipos "expertos". Vea el diagrama abajo.

4. Haga que los equipos de expertos resuelvan el problema.

5. Cuando todos los equipos "expertos" hayan resuelto el problema, pídales a los estudiantes que regresen a sus equipos locales y expongan cada uno de los problemas que se les asignaron.

Rompecabezas – Una Modificación
[Parker, Hargis, Krummel, Weaver, Yates, & Yusufova, 2012]

(Nota: La modificación de la técnica cooperativa fue desarrollada por Aronson, 1978.)

Idea: Divida el taller en grupos pequeños. A cada grupo se le asigna un problema. Una vez que todos los grupos han completado su problema, los miembros cambian de grupo. Los nuevos grupos ahora se explican sus problemas el uno al otro (a continuación, vea el ejemplo).

Consejos: Promueva la interacción de alumno-alumno. Todos tienen que trabajar juntos para comprender el problema. La interacción ayuda que las personas practiquen articulación y su manera de explicar lo que comprenden.

Posibles dificultades: Esto puede ser difícil para las personas calladas y tímidas. Es posible que desee juntar a dichos estudiantes con otra persona tranquila que no tomará el control. También funciona emparejarlos con alguien que les hará explicarlo sin dominar la interacción. Para evitar el efecto "teléfono" el líder debe supervisar las discusiones y asegurarse de que las explicaciones sean claras y correctas.

Ejemplo: Forme tres grupos de tres estudiantes. A cada grupo se le asigna un problema. Una persona de cada grupo se mueve a otra área, combinándose para formar un grupo nuevo, cada miembro nuevo debe explicar el proceso que siguió para resolver su problema.

Reflexiones

1. ¿Cómo funcionó esta técnica?
2. ¿Qué funcionó bien? ¿Por qué piensa que fue así?
3. ¿Qué no funcionó bien? ¿Por qué piensa que fue así?
4. ¿Qué hará diferente la próxima vez? Escríbalo.

Permaneciendo Juntos - "Sticking together"
Andrea McWilliams

Una gran parte del aprendizaje en equipo es permitir que los estudiantes tengan la oportunidad de compartir su conocimiento con otros estudiantes que pueden tener dificultades. Esta actividad requerirá que todos los estudiantes reconozcan cuando un miembro del equipo tiene dificultades y necesita ayuda. También alentará a los estudiantes que tienen dificultades a pedir ayuda.

Instrucciones:
1. Separe a los estudiantes en equipos de 3-4 y asígnales una serie de problemas.

2. Instruya a los estudiantes que discutan los problemas en sus equipos y luego los resuelvan. Recuérdeles que todos en el equipo deben dominar y comprender la solución del problema a fondo antes de pasar al siguiente. Ningún estudiante debe quedarse atrás en un problema mientras otros continúan.

3. El Líder de Grupo debe circular para asegurarse de que el equipo siga estas instrucciones. Identifique a cualquier estudiante que haya completado un problema y esté esperando a que los otros miembros del equipo terminen. Anime a este estudiante a ayudar a todos los demás en su equipo.

Reflexiones

1. ¿Cómo funcionó esta técnica?
2. ¿Qué funcionó bien? ¿Por qué piensa que fue así?
3. ¿Qué no funcionó bien? ¿Por qué piensa que fue así?
4. ¿Qué hará diferente la próxima vez? Escríbalo.

Aprendizaje Colaborativo de Pizarra
Paul Beltran

Esta actividad presiona a todos los miembros de un equipo a participar, lo que ayuda a evitar una situación en la que un estudiante depende del resto del equipo para hacer el trabajo. Si un Líder tiene un grupo donde a menudo este es el caso, esta actividad sería buena para alentar la participación.

Instrucciones:
1. Separe a los estudiantes en equipos de tres o cuatro y asígneles una serie de problemas. La cantidad de equipos depende de la cantidad de pizarras disponibles.

2. Entréguele a cada equipo una pizarra o papel y un problema para resolver. Es importante pedirle a cada equipo que escriban todos los pasos. Mientras los estudiantes resuelven el problema, aliéntelos a que se ayuden entre ellos y utilicen sus notas como recurso. No se puede pedir asistencia al Líder de Grupo.

3. Después de que todos los equipos resuelvan el problema, pídales que muestren su solución.

4. Elija un alumno que explique al grupo el proceso mediante el cual resolvieron el problema paso a paso. La selección casual de un estudiante puede intimidarlos, pero esto garantiza que todos los estudiantes participen en la resolución del problema. Esto alienta a los estudiantes que no entienden el material a hacer preguntas a su equipo.

5. Después de que cada equipo explica sus problemas, el Líder de Grupo puede hacer preguntas al azar a los estudiantes sobre los pasos que siguieron. Por ejemplo, ¿por qué su equipo uso una ecuación específica o por qué usaron una unidad específica en lugar de otra?

Reflexiones

1. ¿Cómo funcionó esta técnica?
2. ¿Qué funcionó bien? ¿Por qué piensa que fue así?
3. ¿Qué no funcionó bien? ¿Por qué piensa que fue así?
4. ¿Qué hará diferente la próxima vez? Escríbalo.

Contornos Parciales y PowerPoint "Partial Outlines and Power Point"
[Cornelius & Owen-DeSchryver, 2008]

Estudios indican que los estudiantes que reciben notas parciales (notas que incluyen una lista corta de puntos clave que describe los conceptos), obtienen una mejor comprensión del contenido del curso. Es una forma de consolidar la información para que el contenido del curso no se vuelva abrumador. Se requerirá que el Líder de Grupo cree un esquema o una presentación de PowerPoint que describa brevemente el contenido. Tenga en cuenta que esto podría causar que los estudiantes confíen en el Líder de Grupo como su única fuente de conocimiento del contenido.

Instrucciones:
1. Prepare una presentación de PowerPoint que resuma los temas y conceptos cubiertos en la clase y el tema asignado.

2. Explique una diapositiva y después haga una pregunta que usted, el Líder de Grupo, pueda responder para los estudiantes.

3. Evalúe la comprensión del problema por parte de los estudiantes al ponerlos en equipos de dos o tres y pídales que resuelvan un problema similar con diferentes valores, fórmulas, ecuaciones, etc. El Líder de Grupo debe alentar a los estudiantes a responder la pregunta usando como recurso solamente él conocimiento de los miembros de sus equipos.

4. Pídale a cada equipo que comparta su respuesta. Si la mayoría de los equipos entendieron cómo resolver el problema, pase a la siguiente diapositiva. Si la mayoría de los equipos no entendieron cómo resolver el problema, pídales que revisen sus notas o libros e intenten nuevamente.

5. *Evaluación sugerida:* Al final de la presentación de PowerPoint, entregue un cuestionario a los estudiantes que contenga preguntas similares a las que se dieron durante el taller para que trabajen individualmente. Recoja y califique el cuestionario para que los estudiantes sepan qué contenido deben estudiar.

Reflexiones

1. ¿Cómo funcionó esta técnica?
2. ¿Qué funcionó bien? ¿Por qué piensa que fue así?
3. ¿Qué no funcionó bien? ¿Por qué piensa que fue así?
4. ¿Qué hará diferente la próxima vez? Escríbalo.

SECCIÓN 4

Facilitando un Grupo de Aprendizaje

Ahora ha trabajado con diferentes tipos de grupos, todos los participantes en el grupo del taller son colegas y su función como Líder de Grupo está experimentando cambios tenues. Sus estudiantes saben que esperar y que hacer. Se involucran en la clase, tienen confianza, pueden negociar sus desacuerdos de manera efectiva, se apoyan uno al otro y han alcanzado un nivel de cohesión que no estaba presente al comienzo del semestre. Usted ha creado un equipo de estudiantes que es capaz de superar más desafíos.

Es importante que los alumnos de su grupo no se sientan cómodos repitiendo lo que se ha hecho antes. Se beneficiarán del aprendizaje a través de la introducción de más procesos y actividades. Además del desarrollo de sus estudiantes, usted también ha comenzado a sentirse seguro y cómodo: ahora es el momento de desafiarse a sí mismo y a los miembros de su equipo. Las técnicas y actividades en esta sección elevarán las expectativas del taller y harán que los estudiantes sean responsables por su propio aprendizaje.

"Dime que escribir," o "Actúa como escriba" – *una técnica de proceso*
[Parker, Hargis, Krummel, Weaver, Yates, & Yusufova, 2012]

Idea: Pida a una persona (estudiante o líder) que vaya a la pizarra y el grupo simplemente debe decirle qué escribir.

Consejos: Esta es una buena estrategia si el grupo depende demasiado en el líder, o si requiere involucrar aquellos estudiantes que no están preparados o tienen dificultades. Es buena usar esta técnica después de algunas semanas, cuando el grupo llegue a comprender que está bien no haber entendido el problema inicialmente.

Posibles dificultades: Inicialmente, puede ser difícil hacer que el alumno vaya a la pizarra. Asegure al estudiante que el grupo será responsable de las ideas, y que él o ella solamente tendrá que escribir.

Ejemplo: Los mejores problemas para esta táctica requerirán varios pasos, como equilibrar las reacciones redox, resolver problemas de inclinación vertical en física o diagrama de genetica en biología.

Reflexiones

1. ¿Cómo funcionó esta técnica?
2. ¿Qué funcionó bien? ¿Por qué piensa que fue así?
3. ¿Qué no funcionó bien? ¿Por qué piensa que fue así?
4. ¿Qué hará diferente la próxima vez? Escríbalo.

"Pasa el Peluche" – *una técnica de proceso*
[Parker, Hargis, Krummel, Weaver, Yates, & Yusufova, 2012]

Idea: Trabajando como un grupo grande, solo la persona con el peluche (o un otro objeto similar) puede hablar.

Consejos: Esta estrategia fue diseñada para fomentar la participación y la atención y evita que los participantes se interrumpan entre sí.

Problemas Posibles: Los estudiantes que no se sienten cómodos hablando deben de tener la opción de pasarle el peluche a alguien más.

Reflexiones

1. ¿Cómo funcionó esta técnica?
2. ¿Qué funcionó bien? ¿Por qué piensa que fue así?
3. ¿Qué no funcionó bien? ¿Por qué piensa que fue así?
4. ¿Qué hará diferente la próxima vez? Escríbalo.

Tecnica de "M&M" – *una técnica de proceso*
[Parker, Hargis, Krummel, Weaver, Yates, & Yusufova, 2012]

Idea: Al comienzo del taller, el líder distribuye dos o cuatro M&M a cada miembro. Cada M&M representa un comentario o pregunta. Una vez que una persona ha agotado su asignación de M&M, debe permanecer callada hasta que todos hayan agotado sus M&M.

Consejos: Esta estrategia fue diseñada para alentar la participación de todo el grupo y desalentar a las personalidades dominantes. El chocolate (o la comida en general) siempre ayuda a mejorar el estado de ánimo.

Posibles dificultades: La estrategia puede ser contraproducente si se usa para un problema que es demasiado difícil para que todos contribuyan con ideas, por lo que el líder debe elegir problemas que sean accesibles y generen discusión. Además, asegúrese de que no se coman los M&M antes de que los alumnos contribuyan a la discusión.

Nota: cualquier dulce envuelto funciona bien para esta actividad

Reflexiones

1. ¿Cómo funcionó esta técnica?
2. ¿Qué funcionó bien? ¿Por qué piensa que fue así?
3. ¿Qué no funcionó bien? ¿Por qué piensa que fue así?
4. ¿Qué hará diferente la próxima vez? Escríbalo.

Deje que se equivoquen – *una técnica de proceso*
[Parker, Hargis, Krummel, Weaver, Yates, & Yusufova, 2012]

Idea: Los errores pueden ser una gran oportunidad para aprender. Mientras los estudiantes resuelven los problemas, no dude en permitir que se equivoquen. Muchas veces, se darán cuenta de su error al final. Si no lo hacen, en lugar de solo corregirlos, pídales que expliquen su respuesta y pregúnteles si su respuesta tiene sentido.

Consejos: Esta idea será más exitosa con grupos que se sientan cómodos entre sí. También requiere que usted, el líder, se haya ganado su confianza. Usted no quiere que piensen que simplemente no le importa si entienden o no.

Posibles dificultades: Desafortunadamente, es posible que sus alumnos no capten sus errores, incluso después de que les pida que expliquen y revisen sus respuestas. Si esto sucede, trate de averiguar dónde se equivocaron y señale esta área. Haga preguntas para que puedan descubrir sus propios errores. Algunos estudiantes pueden desanimarse o sentirse avergonzados. Por esta razón, se sugiere que se asegure de que su grupo se sienta cómodo y apoyado antes de intentar esto.

Reflexiones

1. ¿Cómo funcionó esta técnica?
2. ¿Qué funcionó bien? ¿Por qué piensa que fue así?
3. ¿Qué no funcionó bien? ¿Por qué piensa que fue así?
4. ¿Qué hará diferente la próxima vez? Escríbalo.

"Hazme una pregunta y no te contare mentiras" – *una técnica de dirección*
[Parker, Hargis, Krummel, Weaver, Yates, & Yusufova, 2012]

Idea: El líder divide el taller en grupos de tres o más. Cada grupo tiene permitido hacerle al líder una sola pregunta o pedirle una pista para el problema asignado.

Consejos: Es una estrategia útil cuando los estudiantes dependen demasiado en el líder para obtener pistas y dirección. La técnica promueve la interacción estudiante-estudiante a medida que resuelven el problema y generan su única pregunta.

Posibles dificultades: El líder debe ser consciente de la capacidad de los estudiantes y el nivel de dificultad del problema. Si el problema es demasiado difícil, el grupo no podrá resolver el problema incluso después de hacer su pregunta.

Reflexiones

1. ¿Cómo funcionó esta técnica?
2. ¿Qué funcionó bien? ¿Por qué piensa que fue así?
3. ¿Qué no funcionó bien? ¿Por qué piensa que fue así?
4. ¿Qué hará diferente la próxima vez? Escríbalo.

"Toma un Descanso" – *una técnica de dirección*
[Parker, Hargis, Krummel, Weaver, Yates, & Yusufova, 2012]

Idea: Aunque debe pasar la mayor parte del tiempo en el taller, puede ser ventajoso tomar un descanso de cinco a diez minutos. Simplemente dígale al grupo que va a tomar un café y pídales comenzar con uno o dos problemas en los que deberán estar trabajando en su ausencia.

Consejos: La idea es que los estudiantes pierdan su "red de seguridad". Esto los hace confiar el uno en el otro para sus respuestas. También comunica una sensación de libertad eliminando al supervisor. Esto ayuda a los miembros del grupo a depender de sí mismos en lugar del líder.

Posibles dificultades: Los estudiantes pueden sentirse abandonados si existe poco sentido de comunidad. Del mismo modo, si el grupo está totalmente perdido, es posible que no puedan comenzar el problema de manera efectiva. La habilidad de entender a su grupo y comprender las habilidades de sus estudiantes debería tranquilizar este problema. Si siente que tal vez los estudiantes no sepan cómo avanzar, ayúdeles a comenzar el problema antes de irse.

Reflexiones

1. ¿Cómo funcionó esta técnica?
2. ¿Qué funcionó bien? ¿Por qué piensa que fue así?
3. ¿Qué no funcionó bien? ¿Por qué piensa que fue así?
4. ¿Qué hará diferente la próxima vez? Escríbalo.

Pasa el Problema
[Ballard, 2001]

Es desafiante responsabilizar individualmente a los estudiantes por el trabajo en equipo. Sin embargo, cuando el trabajo de cada miembro del equipo es visto y discutido por otros miembros del equipo, todos los alumnos estarán motivados a contribuir y a trabajar duro para encontrar la respuesta al problema. Esta actividad está estructurada para permitir que el esfuerzo individual sea evaluado después como trabajo de equipo.

Instrucciones:

1. Divida los estudiantes en equipos de tres o cuatro.

2. Asigne un problema a cada equipo
    a. Primero, cada miembro del equipo intentara resolver el problema individualmente

3. Después de que cada persona en el equipo resuelve el problema, pídales que escriban solo la respuesta (no el método) en una tarjeta y la pongan boca abajo.

4. Cuando todos hayan terminado, las tarjetas se pasan una (o dos) posición (es) a la derecha dentro del equipo. Las cartas se dan vuelta y todos leen en voz alta la respuesta que se muestra en la tarjeta.

5. Haga que el equipo discuta las respuestas, especialmente cuando todas difieren.

<u>Reflexiones</u>

1. ¿Cómo funcionó esta técnica?
2. ¿Qué funcionó bien? ¿Por qué piensa que fue así?
3. ¿Qué no funcionó bien? ¿Por qué piensa que fue así?
4. ¿Qué hará diferente la próxima vez? Escríbalo.

"Lista de los 10 Principales"
[Parker, Hargis, Krummel, Weaver, Yates, & Yusufova, 2012]

Idea: Al final del taller o al final de un capítulo, los estudiantes generan una lista de los conceptos más importantes.

Consejos: Esta es una buena técnica de revisión para motivar a los estudiantes a reflexionar y articular ideas importantes.

Posibles dificultades: Para algunos talleres puede ser más efectivo un análisis tipo "post mortem" en lugar de una "Lista de los 10 principales".

Ejemplo: En química orgánica, genere una lista de las "10 principales reacciones". En química general, genere una lista de los "10 principales grupos funcionales". En biología general, genere una lista de los "10 mejores orgánulos y sus funciones".

Reflexiones

1. ¿Cómo funcionó esta técnica?
2. ¿Qué funcionó bien? ¿Por qué piensa que fue así?
3. ¿Qué no funcionó bien? ¿Por qué piensa que fue así?
4. ¿Qué hará diferente la próxima vez? Escríbalo.

Carrousel/ Merry Go 'Round
Andrea McWilliams

Mantener a los estudiantes despiertos y alerta es importante cuando se facilitan las actividades. Esta actividad es una buena manera de permitir que los estudiantes practiquen múltiples problemas mientras mantienen sus cuerpos en movimiento en lugar de permanecer quietos en un solo lugar.

1. Divida a los estudiantes en equipos de cuatro o cinco miembros

2. Establezca estaciones (el número depende del número de equipos), donde cada estación tiene un problema diferente que resolver.

3. Asigne a cada equipo una cantidad específica de tiempo para resolver el problema en su estación y luego dígales a los equipos que cambien de estación.

4. Haga esto hasta que todos los equipos tengan la oportunidad de resolver los problemas en cada estación.

5. Para revisar cada uno de los problemas, el Líder de Grupos puede pedir voluntarios o elegir al azar un equipo para explicarle a todos los participantes uno de los problemas.

Reflexiones

1. ¿Cómo funcionó esta técnica?
2. ¿Qué funcionó bien? ¿Por qué piensa que fue así?
3. ¿Qué no funcionó bien? ¿Por qué piensa que fue así?
4. ¿Qué hará diferente la próxima vez? Escríbalo.

Tres Amigos

[Amaya & Becvar, 2012, titulo original: *Tres Caballeros*]

Los estudiantes tienen diferentes estilos de aprendizaje, diferentes enfoques para resolver problemas y diferentes formas de recordar y encarar el proceso de solución. Tres Amigos aprovecha estas diferencias. Los estudiantes en el pizarrón ganan confianza en sí mismos, entre sí y en pedir ayuda sin sentirse incómodos. Tres Amigos se enfoca en una manera constructiva en enseñar a los estudiantes que se ayuden mutuamente.

1. Divida a los estudiantes en tres grupos

2. Seleccione una persona de cada grupo para ir a la pizarra y resolver un problema. Estas tres personas no pueden usar sus libros; solo se pueden ayudar entre ellos y acudir al Líder para obtener ayuda.

3. El resto de los miembros de los tres equipos trabajan en un conjunto diferente de problemas. Los estudiantes en las mesas pueden usar sus libros y ayudarse entre ellos mismos, pero no pueden pedirle ayuda al Peer Leader

4. Al final, los "tres amigos" le explican al taller como resolvieron el problema y representantes de cada grupo también explican sus resultados.

Reflexiones

1. ¿Cómo funcionó esta técnica?
2. ¿Qué funcionó bien? ¿Por qué piensa que fue así?
3. ¿Qué no funcionó bien? ¿Por qué piensa que fue así?
4. ¿Qué hará diferente la próxima vez? Escríbalo.

Creando Mnemónicos

[Llanes, Johnson, Hernandez, Becvar, 2012)

Los mnemónicos son una herramienta útil para material que requiere memorización. Desafíe a sus estudiantes a crear sus propias mnemotecnias y luego pídales que le enseñen esas mnemotecnias al resto de los participantes del taller. Esto ayudará en el proceso de memorización.

Instrucciones:
1. Divida a los estudiantes en equipos de dos o tres participantes.
2. Asigne a cada equipo un concepto y solicite a los miembros del equipo que creen una mnemónica.
3. Haga que cada equipo comparta su mnemónica con el resto del taller.
4. Asigne problemas a todos los equipos que requieran el uso de las mnemónicas.

Reflexiones

1. ¿Cómo funcionó esta técnica?
2. ¿Qué funcionó bien? ¿Por qué piensa que fue así?
3. ¿Qué no funcionó bien? ¿Por qué piensa que fue así?
4. ¿Qué hará diferente la próxima vez? Escríbalo.

Posiciónate en tu posición
[Brookfield, 2017, creado por Joan Naake]

Antes de que el grupo se reúna, se les pide a los estudiantes que lean material o información sobre un tema específico y que vengan preparados para explorar el concepto. Para promover la interacción activa con el material y fomentar la flexibilidad intelectual, se puede utilizar el movimiento del cuerpo. A medida que los estudiantes adquieren nueva información y desarrollen nuevo entendimiento, se trasladan a diferentes espacios físicos. Este ejercicio subraya la idea de que cambiar de opinión debido a nuevos datos o un mejor argumento es un signo de fortaleza.

1. Comience por expresar una opinión o hacer una afirmación sobre un concepto o un problema, por ejemplo, La constante de equilibrio para una reacción química es la relación entre la constante de velocidad de reacción hacia adelante y la constante de velocidad de la reacción inversa.

2. Los participantes toman 2-3 minutos para escribir todas las razones por las que están de acuerdo o desacuerdo con la afirmación.

3. Mientras los participantes escriben, coloque cuatro letreros en los rincones opuestos del espacio: Completamente de acuerdo, En parte de acuerdo, Completamente en desacuerdo, En parte en desacuerdo.

4. Se les pide a los participantes que se paren debajo del letrero que más se aproxima a su posición. Los participantes en cada estación explican el motivo de su elección.

5. Los participantes en diferentes estaciones luego comparten con todo el grupo sus razones por estar de acuerdo / en desacuerdo con la declaración.

6. A medida que se comparten los argumentos, los participantes pueden moverse a otra posición en cualquier momento si otro argumento los convence de cambiar de posición.

7. Cuando se hayan escuchado los cuatro puntos de vista, vuelva a evaluar el número de participantes en cada posición. Todo el grupo evalúa la posición con mayor acuerdo e identifica si se necesita más información o si se revelaron sutilezas.

Reflexiones

1. ¿Cómo funcionó esta técnica?
2. ¿Qué funcionó bien? ¿Por qué piensa que fue así?
3. ¿Qué no funcionó bien? ¿Por qué piensa que fue así?
4. ¿Qué hará diferente la próxima vez? Escríbalo.

Aprendiendo a Través de la Narración Grafica
Paulette Ramirez

Algunos conceptos en varias disciplinas académicas se entienden mejor a través de representaciones visuales. Un Líder de Grupo puede pedirles a los estudiantes que trabajen en la creación de una ilustración original para explicar el proceso paso a paso. A continuación, se muestra una ilustración que da un ejemplo del uso de la narración ilustrada para promover la comprensión de los procesos redox en la química.

Reflexiones

1. ¿Cómo funcionó esta técnica?
2. ¿Qué funcionó bien? ¿Por qué piensa que fue así?
3. ¿Qué no funcionó bien? ¿Por qué piensa que fue así?
4. ¿Qué hará diferente la próxima vez? Escríbalo.

Diagramas de Flujo y Otros Organizadores Visuales
[Parker, Hargis, Krummel, Weaver, Yates, & Yusufova, 2012]

Idea: Un diagrama de flujo (así como otros tipos de cuadros y organizadores gráficos) puede ser utilizado con éxito tanto por individuos como por grupos para resolver problemas complejos. Primero, un diagrama de flujo ayuda a los estudiantes a definir el problema y clasificar el material dado: ¿cuál es el objetivo? , ¿qué se necesita para alcanzar la meta, y qué información ya se conoce? Una vez que los estudiantes hayan descubierto lo que está pidiendo el problema, pueden pasar a pensar en la solución y dividir la solución en pasos más simples. Cuando se han escrito los pasos y se ha resuelto el problema, los estudiantes deben verificar la solución y reflexionar sobre ella. Aquí es donde entra en juego la discusión, y los estudiantes pueden expresar sus opiniones sobre el problema y hablar sobre el proceso y el resultado.

Consejos: Un diagrama de flujo es ideal para problemas que son complejos y se pueden dividir en pasos. Los diagramas de flujo y otros organizadores visuales (como los mapas conceptuales) son excelentes promotores del trabajo grupal. Los diagramas de flujo se pueden usar junto con el método Round Robin, especialmente cuando se usa por primera vez.

Posibles dificultades: Hay dos cosas principales que el Líder de Grupo debe tener en cuenta: 1) el tiempo que lleva mostrarle a los estudiantes cómo construir y usar diagramas de flujo con éxito, y los tipos de problemas en que pueden usarse los diagramas de flujo: "problemas de proceso" y problemas numéricos que requieren algunos pasos para llegar a la respuesta. La creación de buenos diagramas de flujo proviene de la experiencia. No se puede esperar que los estudiantes construyan excelentes diagramas de flujo desde el primer intento. Requiere tiempo y ayuda de los Líderes del Grupo. Aunque definitivamente vale la pena el esfuerzo para problemas largos y complejos, se pueden usar otros métodos más eficientes con problemas simples y cortos. Para problemas conceptuales, los mapas conceptuales son una herramienta útil.

Ejemplo: Observe la Figura 1 (página siguiente), que presenta un problema de muestra, basado en el modelo de diagrama de flujo presentado en el Libro de Trabajo de Química General PLTL (Gosser, Strozak y Cracolice, 2006). Aunque un diagrama de flujo proporciona un marco para un problema, no es demasiado rígido y deja espacio para soluciones alternativas. Por ejemplo, en la Figura 1, el diagrama de flujo está escrito de manera que muestra cómo resolver el problema de tres modos distintos. El diagrama de flujo permite a los estudiantes analizar las diferentes soluciones y comparar el número y la dificultad de cada conjunto de pasos.

Reflexiones

1. ¿Cómo funcionó esta técnica?
2. ¿Qué funcionó bien? ¿Por qué piensa que fue así?
3. ¿Qué no funcionó bien? ¿Por qué piensa que fue así?
4. ¿Qué hará diferente la próxima vez? Escríbalo.

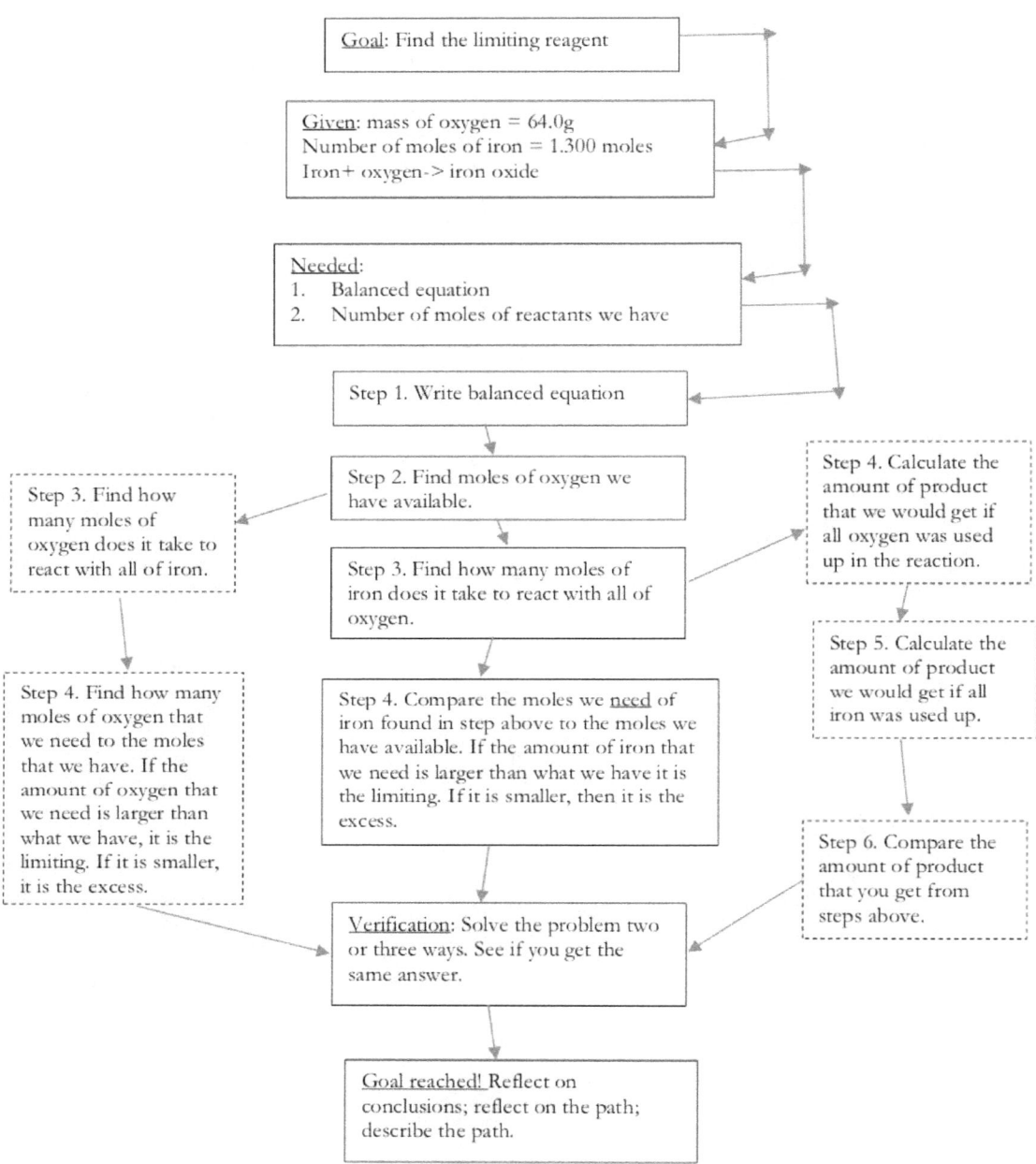

Figure 1. Flowchart of a chemistry problem, by Elina Yusufova, adapted from the *PLTL General Chemistry Workbook*, p 34, Gosser, et al., 2001.

SECCIÓN 5

Juegos Competitivos para Evaluar La Comprensión

Las actividades escritas en esta sección agregan una ventaja competitiva al aprendizaje en equipo. Se recomienda que los juegos se usen solo cuando los miembros de su grupo de taller se conozcan y confíen unos en otros. La implementación de un juego competitivo antes de esto puede generar conflictos innecesarios dentro del grupo que serán difíciles de superar, especialmente porque algunos estudiantes son más competitivos que otros. Por lo tanto, jugar un juego sin evaluar si su taller se ha convertido con éxito en un grupo unido tiene el potencial de dificultar el aprendizaje en equipo.

Considere facilitar estas actividades durante la segunda mitad del semestre o como la última actividad de una sesión de taller. También considere utilizar estos juegos cuando el grupo del taller parezca particularmente lento, como durante la temporada de exámenes o antes de las vacaciones. Además, tenga en cuenta que puede ser que los juegos no sean ideales para algunos tipos de preferencias de aprendizaje, por lo que no se recomienda que se utilicen en cada taller o durante toda la duración del taller.

Guerra de Nieve

Anja Hettinga & James Becvar

Instrucciones:

1. Divida a los estudiantes en equipos de números pares (Puede ser en dos, cuatro o seis equipos, etc.). La cantidad de estudiantes dentro de cada equipo y la cantidad de equipos dependerán de la cantidad de estudiantes en el taller. Asigne un número a cada equipo.

2. Haga que pares de equipos se sienten uno frente a otro en una mesa. Por ejemplo, el equipo 1 y el equipo 2 estarán en una mesa, pero en lados opuestos.

3. Cuando todos los equipos estén ubicados en su respectiva mesa, pídale a cada equipo que decida, discuta y diseñe tres problemas y que desafíen al equipo opuesto a resolverlos. Los problemas deben ser relevantes y congruentes con el tema de la semana.

4. Indique a los equipos que utilicen una hoja en blanco para cada problema.

5. Además del papel utilizado para los problemas, dele a cada equipo tres hojas de papel adicionales y pídales que escriban el número '1' en el centro de cada una de estas tres hojas.

6. Después de que los problemas y los números 1 se hayan escrito en las hojas, haga que cada equipo doble las hojas de papel en copos para que el material escrito quede oculto. ¡Estas son los copos de nieve!

7. Haga que los equipos mezclen y alineen sus bolas de nieve a lo largo del borde de su lado de la mesa.

8. Los equipos ahora deben turnarse para elegir una bola de nieve del otro equipo. La bola de nieve elegida se lanza al otro equipo. Si la bola de nieve contiene el número '1', ese equipo obtiene un punto. Si la bola de nieve contiene un problema, el equipo receptor debe tratar de resolver el problema. Si la solución es correcta, el equipo obtiene tres puntos. Si el equipo no puede resolver el problema o la solución es incorrecta, el otro equipo roba todos los puntos que el otro equipo ha acumulado.

9. El primer equipo que obtenga diez puntos gana la ronda.

Materiales: Varias hojas de papel en blanco.

Reflexiones

1. ¿Cómo funcionó esta técnica?
2. ¿Qué funcionó bien? ¿Por qué piensa que fue así?
3. ¿Qué no funcionó bien? ¿Por qué piensa que fue así?
4. ¿Qué hará diferente la próxima vez? Escríbalo.

Jeopardy
Ryan Floresca, Shawnan Chen, Dania Chairez, & Jessica Guerra

Debido a que las clases o cursos son a menudo una actividad pasiva, los estudiantes no entienden completamente cómo aplicar conceptos más allá de lo que se les ha dicho. El uso del juego Jeopardy en el entorno del taller permite a los Líderes de grupo ayudar a los estudiantes a comprender mejor los conceptos de una manera interactiva basada en el aprendizaje en equipo. También se utiliza un elemento de engaño en esta actividad: a veces se altera la redacción de las preguntas, lo que hace que los estudiantes lean la pregunta con cuidado en lugar de simplemente insertar números en una ecuación. Los estudiantes también podrán identificar los temas en los que necesitan más ayuda. La competencia entre equipos permite que los estudiantes se enseñen entre ellos y aumenta su comprensión.

Instrucciones
1. Prepare cuatro o cinco temas diferentes, cada uno con cuatro o cinco preguntas diferentes relacionadas con el tema. El nivel de dificultad de cada pregunta debe aumentar ya que cada pregunta tendrá un valor de $ 100, $ 200, $ 300, $ 400 o $ 500.

2. Ingrese los temas y las preguntas en una plantilla de juego tipo Jeopardy. La plantilla se puede hacer en PowerPoint o usando una cartulina (ver ejemplos abajo). ¡Sea creativo!

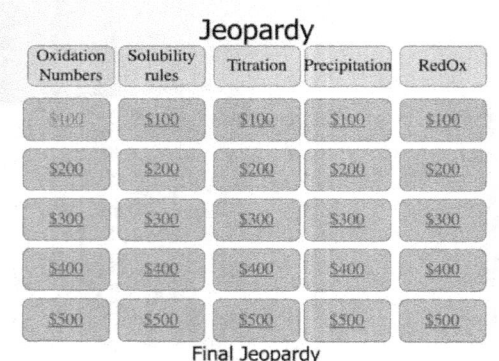 

3. Divida a los estudiantes en equipos de tres o cuatro. El número de equipos y el número de estudiantes por equipo depende del líder del grupo, pero todos los equipos deben tener el mismo número de estudiantes. Se debe evitar formar más de 4 equipos.
4. Cada equipo enviará un miembro del equipo al frente que responderá una pregunta para el equipo. El Líder de Grupo debe elegir la primera pregunta que deberá responder el primer equipo de representantes.

5. Asigne a los estudiantes un tiempo determinado para responder la pregunta. El primer estudiante en levantar la mano responde primero.
    a. Pídales a los estudiantes que se tomen el tiempo para dar la respuesta en lugar de apresurarse a levantar la mano para ser los primeros.
    b. Pídales a los otros miembros del equipo que mientras están observando respondan a las respuestas por su cuenta, pero no les permitan gritar respuestas para ayudar a su compañero de equipo. Si un compañero observador grita una respuesta, el equipo perderá puntos.
    c. Una respuesta correcta le gana al equipo el valor de la pregunta. Una respuesta incorrecta le cuesta al equipo el valor de la pregunta. El Líder de Grupo debe llevar la cuenta.

6. Si el representante que responde primero responde mal la pregunta, otro representante tiene 5 segundos para responder la pregunta. Si pasan 5 segundos y nadie responde la pregunta, pase a la siguiente pregunta.

7. Se necesita un nuevo representante para la próxima ronda.

8. Cuando se hayan respondido todas las preguntas en la plantilla de peligro, ingrese el Jeopardy final.
    a. Cada equipo paga una cierta cantidad, entre 0 y la cantidad en dólares que han acumulado.
    b. Cada equipo recibe una pregunta en la que trabajan juntos.
    c. Al final de los dos minutos, si un equipo obtiene la respuesta correcta, la cantidad que apostaron se agrega a su puntaje final. Si es incorrecto, deduzca la cantidad que apostaron.

9. El equipo con la mayor cantidad de dinero gana un premio determinado por el Líder de Grupo.

Materiales: Tablero de juego de "Jeopardy" o PowerPoint de "Jeopardy"

Reflexiones

1. ¿Cómo funcionó esta técnica?
2. ¿Qué funcionó bien? ¿Por qué piensa que fue así?
3. ¿Qué no funcionó bien? ¿Por qué piensa que fue así?
4. ¿Qué hará diferente la próxima vez? Escríbalo.

CHEMTaboo

[Azam, Vásquez, y López, 2012]

El juego Taboo (password) es similar al de "Caras y Gestos", pero en lugar de gestos, se dan pistas vocalmente. Esto ayuda a los estudiantes a descubrir conceptos porque tienen que pensar en formas de describir el concepto sin decir palabras clave que están prohibidas. El objetivo del juego es ganar la mayor cantidad de puntos explicando las estructuras químicas a sus compañeros de equipo, sin usar las palabras tabúes. Este juego se llama CHEMTaboo, se puede adaptar para utilizarse en múltiples disciplinas académicas.

Instrucciones:
1. Divida el grupo del taller en dos equipos. Un equipo jugará, y el otro equipo observará, iniciará el cronometro y usará una "alarma" cuando se rompa una regla. El cronometro se puede configurar en cualquier período de tiempo deseado.

2. Un miembro del equipo toma una carta que tiene una estructura química, la "estructura clave". El miembro describe la "estructura clave" a los compañeros de equipo sin usar ninguna de las palabras tabú que figuran en la tarjeta. Otro voluntario del equipo dibuja la "estructura clave" en la pizarra.

3. Si se usa una palabra tabú o se infringe alguna regla, el equipo de observación suena la "alarma". El equipo de observación obtiene 1 punto por cada palabra tabú utilizada por el equipo de adivinanzas.

4. Cuando un compañero del equipo ha dibujado la estructura, indique al equipo que tome la siguiente carta y describa otra.

5. El objetivo es que los estudiantes adivinen tantas estructuras como puedan y se detengan cuando se acabe el tiempo. Los equipos reciben 1 punto por cada estructura que dibujan correctamente.

6. Repita, invirtiendo los roles de los equipos.

<u>Materiales</u>: Alarma, cronometro, pizarras blancas o papel periódico, conjunto de problemas

Reflexiones

1. ¿Cómo funcionó esta técnica?
2. ¿Qué funcionó bien? ¿Por qué piensa que fue así?
3. ¿Qué no funcionó bien? ¿Por qué piensa que fue así?
4. ¿Qué hará diferente la próxima vez? Escríbalo.

CHEMTwister
[Azam, Vásquez, y López, 2012]

Twister es una excelente manera de fomentar el aprendizaje físicamente activo. Se debe usar un tapete Twister que tenga subdivisiones de color, a cada color se le asigna una categoría. Por ejemplo, para los tipos básicos de reacciones químicas, cada color representará las categorías de reacciones ácido-base, precipitación, combustión y redox. El objetivo del juego es determinar el tipo de reacción y ser el "último estudiante de pie". Aunque este juego se llama CHEMTwister, se puede adaptar para utilizarse en múltiples disciplinas académicas.

Instrucciones:
1. El Líder de Grupo gira la ruleta, luego menciona la parte del cuerpo y la reacción a la que corresponde la flecha. Por ejemplo, el líder puede decir: "$2H_2 + O_2 \rightarrow H_2O$ y mano derecha".

2. Cada jugador debe intentar colocar la parte del cuerpo mencionada en un círculo vacante de la reacción llamada. Por ejemplo, si el Líder de Grupo dice "mano derecha" y la reacción anterior, cada jugador debe intentar colocar una mano derecha en cualquier círculo "redox" vacante.

3. Si la mano o el pie mencionado ya está en un círculo del color correspondiente, los participantes deben intentar moverlo a otro círculo del mismo color. Nunca puede haber más de una mano o pie en un círculo.

4. Si dos o más jugadores alcanzan el mismo círculo, el líder debe decidir qué jugador llegó primero. Los otros jugadores deben encontrar otro círculo vacante del mismo color. Los participantes nunca deben quitar su mano o pie de un círculo a menos que el Líder de Grupo lo indique después de un giro.

5. Si los seis círculos de un color ya están cubiertos, el líder debe girar nuevamente hasta que pueda llamarse un color diferente.

Materiales: Tapete de Twister, ruleta

Reflexiones
1. ¿Cómo funcionó esta técnica?
2. ¿Qué funcionó bien? ¿Por qué piensa que fue así?
3. ¿Qué no funcionó bien? ¿Por qué piensa que fue así?
4. ¿Qué hará diferente la próxima vez? Escríbalo.

Adivina Chem Quien
[Ulloa, 2012]

Instrucciones:
1. Los estudiantes en el taller están organizados por equipos de números pares. Cada equipo está en pareja con otro equipo.

2. Cada equipo recibe un conjunto de tarjetas que contienen una estructura, un gráfico, una ecuación o algo que los estudiantes deben aprender que se relacione con el tema que se está estudiando.

3. Cada equipo elige una carta del mazo sin que el equipo contrario vea la carta.

4. Los equipos se turnan para hacer una pregunta de "SÍ" o "NO" al equipo contrario para averiguar qué carta tiene el equipo contrario.
    a. Por ejemplo, un equipo puede tener una estructura orgánica, y el equipo contrario puede preguntar: "¿Es un alcohol?" o supongamos que el Equipo A selecciona acetona. El equipo B podría preguntar: "¿Su molécula tiene un grupo carbonilo?" El Equipo A responderá "sí" y, por lo tanto, el Equipo B puede eliminar las tarjetas que no contengan carbonilo a medida que trabajan hacia la solución final de la molécula real.

5. El equipo con las conjeturas más correctas gana.

<u>Materiales</u>: Tarjetas

<u>Reflexiones</u>

1. ¿Cómo funcionó esta técnica?
2. ¿Qué funcionó bien? ¿Por qué piensa que fue así?
3. ¿Qué no funcionó bien? ¿Por qué piensa que fue así?
4. ¿Qué hará diferente la próxima vez? Escríbalo.

"Cita Rápida" Química
[Frederick y Becvar, 2012]

La "Cita Rápida" Química proporciona a los estudiantes de química etiquetas con nombres que muestran algún tipo de información química, como nombres de moléculas, reacciones químicas parciales o propiedades químicas. Se les pide a los estudiantes que caminen alrededor del salón para encontrar a otros estudiantes con la información química correspondiente que falta o coincide. Este juego está diseñado para cursos de química, pero también se puede adaptar para utilizarse en otras disciplinas académicas.

Instrucciones:
1. Todos los estudiantes reciben tarjetas con propiedades químicas, moléculas, o pasos para resolver un problema.

2. Se les pide a los estudiantes que encuentren otra molécula con la cual su molécula pueda interactuar mediante una fuerza intermolecular específica, o que identifiquen la fuerza intermolecular generada cuando su molécula se acerca a la molécula de otro estudiante. Por ejemplo, para distinguir si la fuerza involucra dipolo, dipolo inducido, fuerzas de dispersión de Londres o enlaces de hidrógeno.

3. Luego se le pide a cada estudiante que se mueva por la sala e interactúe con otros estudiantes, tratando de completar, ubicar o identificar correctamente la relación entre su tarjeta y la de otros estudiantes.

4. Por ejemplo, al estudiar las fuerzas intermoleculares, la tarjeta de cada estudiante puede presentar una estructura molecular diferente.

5. Luego, los estudiantes informan con que "nombres" coinciden y la discusión debe seguir.

Materiales: Tarjetas con varios temas que se pueden combinar/juntar con otra tarjeta.

Reflexiones

1. ¿Cómo funcionó esta técnica?
2. ¿Qué funcionó bien? ¿Por qué piensa que fue así?
3. ¿Qué no funcionó bien? ¿Por qué piensa que fue así?
4. ¿Qué hará diferente la próxima vez? Escríbalo.

Cucharas

[Ruck, 2012]

Este juego se enfoca en el trabajo en equipo y al mismo tiempo requiere que cada equipo interactúe con otros equipos. También alienta a los estudiantes a mantenerse involucrados porque este juego requiere que los estudiantes presten mucha atención a los detalles.

Instrucciones:

1. Los estudiantes cuentan para dividirse y formar equipos de tres o cuatro miembros. No debe haber menos de tres equipos.

2. Las cucharas (u otro objeto similar) deben colocarse en el centro de la habitación donde alguien de cada equipo pueda alcanzarlas fácilmente.

3. Todos los equipos tienen el mismo problema para resolver. El primer equipo que resuelva el problema y confíe en que su respuesta es correcta debe tomar la primera cuchara.

4. Los otros equipos compiten por las cucharas restantes cuando confían en que han resuelto el problema correctamente. El equipo que no puede agarrar una cuchara recibe cero puntos para esa ronda. El equipo que agarró la cuchara primero debe explicar su respuesta a los otros equipos.

5. Los otros equipos pueden hacer preguntas y decidir si el primer equipo respondió la pregunta correctamente.

6. Si los miembros del taller creen que el primer equipo tiene la respuesta correcta, ese equipo recibirá un punto para la ronda. Si el equipo no obtuvo la respuesta correcta, entonces el equipo que recogió la segunda cuchara debe explicar su respuesta al grupo y ese equipo tiene la oportunidad de ganar puntos si es correcto y así sucesivamente hasta que se otorgue un punto.

Materiales: Cucharas o un objeto alternativo (el número depende de la cantidad de equipos: para tres equipos, se usan dos cucharas; para cuatro equipos, se usan tres cucharas), y un conjunto de problemas que prueban un concepto

Reflexiones

1. ¿Cómo funcionó esta técnica?
2. ¿Qué funcionó bien? ¿Por qué piensa que fue así?
3. ¿Qué no funcionó bien? ¿Por qué piensa que fue así?
4. ¿Qué hará diferente la próxima vez? Escríbalo.

Sillas Musicales

[Sánchez, De León, Becvar, Noveron, y Lee, 2009]

Nota: Vea una demostración en video en https://pltl-live/in-chemistry/ a partir del minuto 6:03.

Las sillas musicales es un juego de la infancia que se puede utilizar para hacer que el aprendizaje sea atractivo y entretenido. Potencialmente, esta puede ser una actividad ruidosa, por lo que un Líder de Grupo debe asegurarse de estar en el espacio adecuado para hacerlo.

Instrucciones:
1. Coloque las sillas al centro del aula exactamente como la configuración de las sillas musicales tradicionales.

2. Reproduzca una canción de fondo mientras los estudiantes caminan alrededor de las sillas.

3. Detenga la música en un momento aleatorio para indicar a los estudiantes que necesitan encontrar una silla para sentarse.

4. El estudiante que permanezca de pie deberá ir a la pizarra y resolver un problema.

5. Si el estudiante obtiene la respuesta correcta, se le permitirá volver a unirse al juego. Si la solución es incorrecta, quedará fuera del juego, pero deberá trabajar en todos los problemas que surjan durante el juego y entregarlos. Esto evitará que el alumno no haga nada una vez que haya perdido.

6. Antes de comenzar cada ronda, recuerde sacar una silla para asegurarse de que alguien permanezca de pie y sea el próximo en ir al tablero.

Materiales: Música, altavoces o bocina, sillas, conjunto de problemas

Reflexiones

1. ¿Cómo funcionó esta técnica?
2. ¿Qué funcionó bien? ¿Por qué piensa que fue así?
3. ¿Qué no funcionó bien? ¿Por qué piensa que fue así?
4. ¿Qué hará diferente la próxima vez? Escríbalo.

Descifre los Números
Lucia B. Chacon y Wen-Yee Lee

Esta actividad desafía a los estudiantes a resolver problemas que tienen respuestas numéricas. Es especialmente útil para problemas complejos porque proporciona sugerencias esenciales que guiarán a los estudiantes a la respuesta numérica correcta.

Instrucciones:
1. Antes del taller, prepare varios problemas con la respuesta numérica correcta.

2. Divida a los estudiantes en equipos de tres o cuatro.

3. Dele a cada equipo el mismo conjunto de problemas para resolver.

4. Escriba las respuestas a los problemas en la pizarra en columnas, pero mezcle los números dentro de la respuesta. También asegúrese de mezclar el orden de la secuencia de problemas para que los estudiantes no asuman que los números codificados en la primera columna están asociados con el problema # 1. Consulte la tabla a continuación para ver un ejemplo.

5. Una vez que un equipo resuelve un problema, pídale a un miembro del equipo que escriba la respuesta correcta no codificada en la columna correcta. El equipo ganador es el que resuelve la mayoría de los problemas.

Descifre los Números			
89732	2324	4334	52749
Respuesta al problema #3: 32.978 g de NA	Respuesta al problema #1: 2.432 moles de HCl	Respuesta al problema #2: 3.443 M Na2CO3	Respuesta al problema #4: -752.94 J

<u>Reflexiones</u>

1. ¿Cómo funcionó esta técnica?
2. ¿Qué funcionó bien? ¿Por qué piensa que fue así?
3. ¿Qué no funcionó bien? ¿Por qué piensa que fue así?
4. ¿Qué hará diferente la próxima vez? Escríbalo.

La Carrera de Clasificación
Samuel Herren y Angel Ventura Perez

Esta actividad implica la clasificación de "cosas" en dos o más categorías. Para explicar esta actividad, se utiliza un problema químico. Sin embargo, esta actividad se puede modificar para adaptarse a diversas disciplinas académicas. Esta es una actividad útil para repaso. También requiere que los estudiantes se muevan por el salón, lo que puede ayudar a despertar a los estudiantes somnolientos.

Instrucciones:
1. ANTES DE LA SESIÓN DEL TALLER: Escriba fórmulas de compuestos insolubles en 25 de las tarjetas y las fórmulas de compuestos solubles en las 25 tarjetas restantes. Baraje las tarjetas.

2. Pida a los alumnos que se alineen en el medio del aula y dígales que un lado de la sala está designado como la zona "soluble" y el otro lado es la zona "insoluble".

3. Entregue a cada estudiante una tarjeta boca abajo. Los estudiantes no deben mirar la tarjeta hasta que se les indique. Instruir a los estudiantes a voltear su tarjeta al mismo tiempo para revelar el compuesto escrito en la tarjeta.

4. Dé a los estudiantes cinco segundos (el límite de tiempo depende del líder de grupo) para moverse al lado del salón que describe con precisión su compuesto como soluble o insoluble.

5. Pídale a cada alumno que sostenga su tarjeta y pregúntele a todo el grupo si el compuesto se clasificó correctamente.

6. Repita hasta que todas las tarjetas estén clasificadas.

Materiales: 50 tarjetas

Reflexiones

1. ¿Cómo funcionó esta técnica?
2. ¿Qué funcionó bien? ¿Por qué piensa que fue así?
3. ¿Qué no funcionó bien? ¿Por qué piensa que fue así?
4. ¿Qué hará diferente la próxima vez? Escríbalo.

Referencias y Materiales Suplementales

Amaya, A., Becvar, J.E. (2012). Tres Caballeros: A Learning Strategy for "Plus Two" Peer-Led Team Learning. Peer-Led Team Learning: Leader Training. Online at *http://www.pltlis.org*. Originally published in *Progressions: The Peer-Led Team Learning Project Newsletter, 9,* 3, Spring 2008.

Aronson, E. (1978). *The jigsaw classroom.* Thousand Oaks, CA: Sage.

Azam, A.G., Vasquez, B., Lopez, E., Becvar, J.E. (2012). CHEMTwister. Peer-Led Team Learning: Leader Training. Online at *http://www.pltlis.org*. Originally published in *Progressions: The Peer-Led Team Learning Project Newsletter, 9,* 3, Spring 2008.

Azam, A.G., Vasquez, B., Lopez, E., Becvar, J.E. (2012). CHEMTaboo. Peer-Led Team Learning: Leader Training. Online at *http://www.pltlis.org*. Originally published in *Progressions: The Peer-Led Team Learning Project Newsletter, 9,* 3, Spring 2008.

Ballard, Sharon M. (2001). Pass the Problem. *Journal of Teaching in Marriage & Family,* 1:1, 80-81. DOI: 10.1300/J226v01n01_08.

Brookfield, S. (2017). Creative approaches to stimulate classroom discussions. In Watts, L.S. & Blessinger, P. (Eds.), *Creative Learning in Higher Education: International Perspectives and Approaches.* New York, NY: Routledge.

Brookfield, S. D. and Preskill, S. (1999). Strategies for reporting small-group discussions to the class. *College Teaching, 47,* 4, 140-42.

Cornelius, T.L., and Owen-DeSchryver, J. (2008). Differential effects of full and partial notes on learning outcomes and attendance. *Teaching of Psychology, 35,* 1, 6-12.

Frederick, J., Becvar, J.E. (2012). Chemical Speed Dating as a Peer-Led Team Learning Activity. Peer-Led Team Learning: Leader Training. Online at *http://www.pltlis.org*. Originally published in *Progressions: The Peer-Led Team Learning Project Newsletter, 9,* 3, Spring 2008.

Gosser, D.K., Cracolice, M. S., Strozak, V. S., Varma-Nelson, P. (2001). *Peer-Led Team Learning: A Guidebook.* Prentice-Hall, Inc: Upper Saddle River, NJ.

Gosser, D.K., Strozak, V., Cracolice, M. (2006). *Peer-led team learning: general chemistry workbook, Second Edition.* Upper Saddle River, NJ: Prentice Hall, Inc.

King, A. (1992). Facilitating elaborative learning through guided student-generated questioning. *Educational Psychologist, 27,* 111-126.

Llanes, L.G., Johnson, J.L., Hernandez, J.E., & Becvar, J.E. (2012). General Chemistry Mnemonics and Shortcuts. Peer-Led Team Learning: Leader Training. Online at http://www.pltlis.org. Originally published in *Progressions: The Peer-Led Team Learning Project Newsletter, 9,* 3, Spring 2008.

Lyman, F. (1981). The Responsive Classroom Discussion: The Inclusion of All Students. *Mainstreaming Digest.* University of Maryland, College Park, MD.

Narode, R. (2012). Pair Problem-Solving: An effective model for learning. Online at https://pltlis.org Originally published in *Progressions, The Peer-Led Team Learning Project Newsletter, 1,* 3, 8-9, Spring 2000.

Parker, D., Hargis, C., Krummel, A., Weaver, S., Yates, B., & Yusufova, E. (2012). Twenty Workshop Techniques. Peer-Led Team Learning: Leader Training. Online at *https://pltlis.org/wp-content/uploads/2016/09/PLTL-Leader-Training-Parker-et-al-Techniques.pdf*. Originally published in *Progressions: The Peer-Led Team Learning Project Newsletter, 2,* 3, Spring 2001.

Polya, G. (1973). *How to solve it.* (2nd ed.) Princeton, NJ: Princeton University Press.

Roth, V., Goldstein, E., Marcus, G. (2001). *Peer-Led Team Learning: A Handbook for Team Leaders.* Prentice-Hall, Inc: Upper Saddle River, NJ.

Ruck, L. (2012). Spoons: A Team Learning Activity for PLTL. Peer-Led Team Learning: Leader Training. Online at *http://www.pltlis.org*. Originally published in *Progressions: The Peer-Led Team Learning Project Newsletter, 9,* 3, Spring 2008.

Sanchez, P., De Leon, F., Becvar, J.E., Noveron, J.C., & Lee, W.-Y. (2009). Musical Chemical Chairs. Presentation #230, Southwestern Regional American Chemical Society Meeting, El Paso, TX, November 4 – 7, 2009.

Schoenfeld, A.S. (1985). *Mathematical problem solving.* New York: Academic Press, Inc.

Ulloa, N., Becvar, J.E. (2012). Integrating the Guess Chem Who Game into Peer-Led Workshops. Peer Led Team Learning: Leader Training. Online at *http://www.pltlis.org*. Originally published in *Progressions: The Peer-Led Team Learning Project Newsletter, 9,* 3, Spring 2008.